AI, 메타버스,
디지털 문화예술

AI문고

인공지능 시대입니다. 기계가 인간의 인지를 대신하고, 사물이 인간을 통하지 않고 다른 사물과 직접 커뮤니케이션합니다. 이에 따른 인간 삶과 문명 변화를 정확히 이해·예측·대응하는 것은 이 시대 우리 모두의 과제입니다. AI문고는 인공지능 기술과 환경의 여러 주제를 10가지 키워드로 정리합니다. 관련 개념과 이론, 학계와 산업계의 쟁점, 우리 일상의 변화를 다룹니다. 인간과 기술의 현재, 미래를 세심히 분석합니다.

일러두기

- 인명, 작품명, 저서명, 개념어 등은 한글과 함께 괄호 안에 해당 국가의 원어를 병기했습니다.
- 외래어 표기는 현행 어문규정의 외래어표기법을 따랐습니다.

처음이세요?

전문가세요?

AI, 메타버스, 디지털 문화예술

정지은

대한민국, 서울, 커뮤니케이션북스, 2025

AI, 메타버스, 디지털 문화예술

지은이 정지은
펴낸이 박영률

초판 1쇄 펴낸날 2025년 10월 16일

커뮤니케이션북스(주)
출판 등록 2007년 8월 17일 제313-2007-000166호
02880 서울시 성북구 성북로 5-11
전화(02) 7474 001, 팩스(02) 736 5047
commbooks@commbooks.com
www.commbooks.com

ISBN 979-11-430-0828-2 03500

책값은 뒤표지에 표시되어 있습니다.

차례

디지털 문화예술의 새로운 지평

AI(Artificial Intelligence)와 메타버스(Metaverse) 기술, 그리고 디지털 전환으로 문화예술 분야의 융합은 예술계의 새로운 지평을 열고 있다. 디지털 기술의 급속한 발전은 단순한 기술적 혁신을 넘어 인간의 인식 체계와 사회 구조 전반을 근본적으로 변화시키고 있으며, 이 변화의 중심에 문화예술이 자리하고 있다(하은, 2025).

오늘날 디지털 기술은 문화예술의 창작에서 유통, 향유에 이르는 전 과정을 혁신적으로 변화시키고 있다. 예술가들은 새로운 디지털 플랫폼(Digital Platform)과 도구를 활용해 창작의 지평을 확장하고, 관객들은 이전과 전혀 다른 방식으로 예술을 경험할 수 있다. 유엔 무역개발기구(UNCTAD)의 2024년 보고서에서, 디지털과 AI는 창의 산업의 생산 및 소비 방식을 근본적으로 변화시켜 새로운 성장 기회를 창출하고 있다고 보고한다.

특히 주목할 점은 2023년 전 세계 음악 산업 매출의 67% 이상이 스트리밍(Streaming)으로 발생했다는 사실이다. AI는 영화 시나리오 작성, 음악 작곡, 이미지 생성,

가상현실(VR, Virtual Reality) 콘텐츠 제작부터 관객 데이터 분석에 이르기까지 콘텐츠산업 전반에 걸쳐 활용되고 있다(UNCTAD, 2024).

디지털 기술은 예술 창작 과정을 효율적으로 변화시키고, 예술가들에게 새로운 영감의 원천을 제공하며, 언어와 지리적 장벽을 넘어 글로벌 관객과 소통할 기회를 제공한다. 그러나 동시에 디지털의 확산은 디지털 격차, 저작권 침해 등의 문제를 발생시키며, 예술 생태계의 새로운 윤리적 · 제도적 과제들을 내놓고 있다. 예를 들어 거대 플랫폼의 알고리즘(Algorithm)이 특정 콘텐츠만 노출해 문화적 다양성이 위축될 우려가 있으며, AI가 창작자의 작품을 무단으로 학습해 저작권을 침해하는 사례들도 발생하고 있다(German Commission for UNESCO, 2024).

그렇다면 AI, 메타버스, 디지털 문화예술과 관련된 중요한 이슈와 그 의미는 무엇이며, 우리가 이 주제에 왜 주목해야 할까? 이 책은 저자가 《케이팝(K-POP)》에 이어 작성한 케이컬처(K-CULTURE) 분야의 두 번째 단행본으로, 디지털 전환 시대에 문화예술이 지속 가능한 발전과 사회 통합에 기여하는 핵심적인 역할에 관해 탐구하고자 했다. 이 책에서는 디지털 전환으로 인한 문화예술의 가치와 의미를 새롭게 재조명하고, 이러한 관점에서 문화예술의 창작, 유통, 향유 등의 변화 양상과 그 함의를 체계적으로 다루고자 했다.

메타버스와 AI의 문화예술계 혁신

AI란 용어는 1956년 미국 다트머스대학(Dartmouth College)에서 열린 워크숍에서 '지능적인 기계, 지능적인 컴퓨터 프로그램을 만드는 과학 공학'이라는 뜻으로 처음 사용되었다(McCarthy et al., 2006). 반세기가 넘는 발전을 거쳐, 이제 AI와 메타버스 기술 등은 문화예술계에 새로운 혁신을 가져오고 있다.

코로나19 팬데믹 이후 가상세계에서의 커뮤니케이션이 일반화하면서, 디지털 기술과 인간의 상호작용은 더욱 중요해졌다. 디지털 기술과 문화예술의 협업은 새로운 형태의 기부와 경제적 수익 창출로 이어졌다. 이탈리아 우피치미술관(Uffizi Gallery)은 미켈란젤로의 작품 〈도니 톤도(Doni Tondo)〉를 NFT(Non-Fungible Token, 대체 불가능 토큰)로 발행해 약 17만 유로(약 2억 7000만 원)의 수익을 창출했다.

미국 스미소니언박물관(Smithsonian Museums)도 혁신적인 시도를 했다. 암호화폐 기부 플랫폼을 통해 이더

리움(Ethereum)과 비트코인(Bitcoin)으로 기부금을 받아 디지털 보존 프로젝트와 전시 기금을 마련한 것이다(하은, 2025). 이러한 자금은 박물관 운영과 보존 프로젝트에 활용되고 있으며, 디지털 예술품 수집과 거래의 활성화를 촉진하고 있다. 이를 통해 예술가들에게는 새로운 수익 모델을 제공하면서 문화산업 전반에 긍정적인 영향을 미치고 있다.

메타버스 분야에서도 혁신적인 사례들이 등장하고 있다. 2020년 4월 포트나이트(Fortnite)에서 개최된 래퍼 트래비스 스콧(Travis Scott)의 가상 콘서트에는 전 세계 1230만 명의 동시접속자가 참여했다(Goslin, 2020). 이는 현실 공연장에서는 상상할 수 없는 규모다. 아리아나 그란데(Ariana Grande)는 포트나이트와 협업해 3일 동안 5회에 걸친 메타버스 공연을 선보였으며, 수백만 명의 관객이 이를 관람했다. 스콧의 공연과 마찬가지로 아리아나 그란데의 공연 역시 사전 녹음되어 '모의 생중계(Simulive)' 형식으로 스트리밍되었다. 즉 플레이어(Player)들은 특정 시간에 로그인(Login)해야 했지만, 실제 공연은 사전 녹화된 것이었다. 공연 외에도 아리아나 그란데 테마(Theme)의 가상 상품 판매와 포트나이트 퀘스트(Quest)가 제공되었다(Borg, 2022).

이처럼 메타버스는 공연예술, 전시, 축제 등 다양한 문화예술 현장에서 활용되고 있다. 예술가들은 가상공간에서 아바타(Avatar)를 통해 팬과 소통하거나, 3차원 가상 미술관에서 작품을 선보이는 등 새로운 시도를 하고 있다.

기술 기업들의 투자도 주목할 만하다. 메타(Meta, 옛 Facebook)는 증강현실(AR, Augmented Reality), 가상현실 하드웨어, 소프트웨어 및 콘텐츠 제작을 담당하는 메타버스 부서인 페이스북 리얼리티 랩스(Facebook Reality Labs)에 연간 100억 달러를 투자할 계획이라고 발표했다. AI와 증강현실을 활용해 '차세대 온라인 소셜 경험'으로서 메타버스를 육성하고 있다(Kastrenakes & Heath, 2021).

마이크로소프트(Microsoft) 역시 '문화유산을 위한 AI(AI for Cultural Heritage)' 프로그램을 통해 비영리단체, 대학, 정부 등과 협력해 AI와 혼합현실(MR, Mixed Reality) 기술을 활용한 문화유산 보존 및 새로운 문화 콘텐츠 경험 개발에 주력하고 있다(Mitchell, 2019).

AI 창작물의 예술계 진출 사례도 증가하고 있다. 2018년 크리스티 경매(Christie's Auction)에서 생성형 AI 알고리즘이 그린 초상화 작품 〈에드몽 드 벨라미(Edmond de Belamy)〉가 약 43만 2500달러(약 5억 원)에 낙찰되어 세계 최초로 주요 경매에서 AI 작품이 거래된 사례가 있다. 이 작품의 낙찰은 예술과 기술의 경계를 허무는 중요한 전환점으로 인식되고 있다(Christie's, 2018).

AI가 작곡한 음악, AI가 쓴 소설 등이 등장하면서 창작 주체로서의 AI에 대한 논의도 활발해지고 있다.

이러한 사례들은 AI와 메타버스가 미래가 아닌 현재 진행형의 문화 현상임을 보여 준다. 이들은 예술 창작과 감상의 개념, 문화산업의 방향을 근본적으로 변화시키고 있다. 전통적인 미술관이 디지털 아트 플랫폼으로 확장되고, 창작자들이 AI와 협업하는 모습은 문화예술 생태계의 미래를 보여 준다. 동시에 우리가 해결해야 할 새로운 도전 과제들도 제시하고 있다.

한국의 디지털 문화예술 정책과 성과

한국은 코로나19 팬데믹을 계기로 문화예술 분야의 디지털 전환을 신속하게 추진해 전 세계적으로 주목받는 성과를 내고 있다. 한국 정부는 2020년 '디지털 뉴딜'을 통해 약 160조 원의 전략적 투자를 결정해 디지털 문화 혁신의 기반을 다졌다.

'디지털 뉴딜'은 데이터, 네트워크, AI를 의미하는

DNA(Data-Network-AI) 생태계를 강화하고, 가상현실, 증강현실, 확장현실(XR, Extended Reality), 혼합현실 등 실감형 콘텐츠 제작과 비대면 문화예술 서비스 지원을 주요 목표로 설정했다. DNA 생태계란 데이터, 네트워크, AI 세 가지 기술이 융합되어 산업 및 서비스 전반에서 혁신을 이끄는 구조를 의미한다. 이러한 정책은 온라인 공연 및 다양한 디지털 창작과 유통 활성화를 이끌고 있다(신혜선 · 임학순, 2021).

문화체육관광부의 2025년 주요 업무계획에 따르면, K-콘텐츠산업의 매출은 2023년 151조 원에서 2025년 165조 원으로 증가할 것으로 예상된다. 정부는 AI 시대의 선제적 대응, 지역 예술 생태계 지원, K-콘텐츠 복합문화단지 조성 등의 과제를 중심으로 전략적 육성을 추진하고 있다. 게임, 웹툰, 애니메이션, OTT(Over-The-Top) 등 디지털 콘텐츠산업에도 집중 투자하고 있다.

문화체육관광부는 2025년 주요 업무 추진계획에서 'AI 시대 콘텐츠산업 미래 전략(2025~2035)'을 발표하고, '인프라', '신(新)산업', '제도'의 세 가지 측면에서 접근했다. '인프라' 부문에서는 글로벌 AI 콘텐츠 생산 거점 조성과 AI 기술을 활용한 맞춤형 수출 플랫폼 구축을 계획하고 있다. '신산업' 부문에서는 아이콘(AI+Contents)

분야 개척 및 세계 시장 선점을 위해 AI 창작을 선도하는 인재 발굴과 '한국형 AI 콘텐츠', 세계 최초 AI 기술 기반 K-콘텐츠 교류 · 체험 · 전시 행사 등을 추진한다. '제도' 부문에서는 AI 기술 활용을 저해하는 법적 · 제도적 문제들을 혁신적으로 개선하는 내용을 담고 있다.

한국 정부는 디지털 시대의 요구에 부응해 창작 지원과 향유의 기반을 지속적으로 확대하고 있다. 정부 부처와 문화예술 기관들이 추진하는 다양한 정책과 사업들은 한국형 디지털 문화예술 생태계를 구축하는 토대가 되고 있다. 이러한 노력은 예술인들에게 새로운 시장에서 창작할 기회를 제공하고, 국민에게는 시공간의 제약을 넘어 다양하고 풍부한 문화 향유 경험을 제공할 것으로 기대된다. 특히 디지털 기술과 한국의 문화적 창의성이 결합된 K-콘텐츠는 글로벌 시장에서 새로운 가능성을 보여 주며, 문화강국으로서 위상을 더욱 공고히 할 것이다.

한국의 디지털 문화 혁신 사례들도 두드러진다. 제페토(Zepeto)와 같은 한국 플랫폼은 전 세계 3억 명 이상의 사용자를 보유하고 있으며, 블랙핑크(Blackpink)는 MTV(Music Television) '최고의 메타버스 공연상'을 수상했다. 블랙핑크는 2022년 7월 메타버스 공연 〈더 버추얼(The Virtual)〉을 진행해 2주간 총 1570만 명의 시청자를 모았으며, 배틀그라운드 모바일(PUBG Mobile, PlayerUnknown's Battlegrounds Mobile)과 협력해 메타버스 뮤직비디오 〈레디 포 러브(Ready For Love)〉를 공개했다(Borg, 2022).

방탄소년단(BTS) 역시 〈퍼미션 투 댄스(Permission to Dance)〉와 〈버터(Butter)〉 등 인기곡을 디지털 플랫폼에 성공적으로 선보였다. '유튜브 ESCAPE2021' 행사의 일환으로 마인크래프트(Minecraft)에서 아바타를 활용한 공연을 진행해 화제를 모았다(Borg, 2022).

이러한 성공 사례들은 정부 기관, 대기업, 문화기업 간의 긴밀한 협력과 전략적 지원을 통해 이루어졌다. 그 결과 전통적인 문화적 강점과 최첨단 디지털 기술이 만나 새로운 문화교류의 패러다임을 만들었다.

디지털 문화예술에 주목해야 하는 이유

디지털 문화예술에 주목해야 할 이유는 무엇일까? 코로나19 팬데믹 이후 비대면 문화 활동의 급증과 함께 AI 아트, NFT 열풍, 메타버스 참여 확대 등 디지털 문화 현상이 대중적으로 확산하고 있다. 불과 얼마 전까지만 해도 예술 분야의 일부 영역에서만 제한적으로 활용되던 디지털 기술은 이제 미술관의 주요 전시 주제가 되었으며, 메타버스 공간에서 진행되는 대중음악 공연은 수천만 관객을 끌어들이고 있다.

한국 창작 뮤지컬 〈어쩌면 해피엔딩(Maybe Happy Ending)〉은 2025년 제78회 토니상에서 작품상, 극본상, 작사·작곡상, 연출상, 남우주연상, 무대디자인상 등 총 6개 부문에서 수상하며 역사적인 기록을 세웠다. 드라마 데스크 어워즈(Drama Desk Awards)에서도 6관왕을 차지하고, 드라마 리그 어워즈(Drama League Awards)에서 작품상과 연출상을 수상했으며, 외부비평가협회상(Outer Critics Circle Awards) 등 미국 주요 공연 시상식에서도 인정받으며 작품성과 대중성을 입증했다.

〈어쩌면 해피엔딩〉은 인간을 돕기 위해 만들어진 두 구형 헬퍼 로봇(Helper Robot) 올리버와 클레어가 사랑에 빠지는 이야기를 다룬다. 2016년 서울 대학로 소극장에서 초연한 후 2024년 브로드웨이(Broadway)에 진출해 전 세계 관객의 찬사를 받았다(박원희, 2025). 이 작품은 인간처럼 학습하고 사고하며 자의식을 가진 로봇들을 주인공으로 설정해, 인간과 유사하거나 인간을 능가하는 범용 AGI(Artificial General Intelligence)의 실현 가능성을 예술적으로 구현했다.

두 로봇은 사랑이라는 감정을 경험하며 이별과 상실, 존재의 의미를 고민한다. 이를 통해 AI가 인간의 감정과 내면을 얼마나 이해하고 표현할 수 있는지, 인간과 기계 사이에 진정한 관계 형성이 가능한지 등 근본적인 질문을 던진다(이혜진, 2025). 〈어쩌면 해피엔딩〉은 AI가 단순한 창작 도구를 넘어 인간과 협력하거나 독립적인 창작 주체로 발전할 수 있는지를 탐색하는 최근 AI 예술 논의와 연결된다.

이러한 변화는 문화예술의 본질과 가치에 관한 근본적인 질문을 우리 사회 전반에서 제기하고 있다. 유네스코(UNESCO, United Nations Educational, Scientific, and Cultural Organization)는 '2022년 몬디아컬트 선언(MONDIACULT 2022 Declaration)'에서 문화정책을 글로벌 의제로 격상했으며, 2025년 몬디아컬트의 주요 의제로 '문화의 디지털 전환'을 선정했다.

이러한 국제적 흐름은 학계와 예술 현장에서 디지털 문화예술에 대해 심도 있는 연구와 논의가 필요함을 시사한다. AI 예술의 저작권과 윤리 문제, 메타버스 공간의 예술적 가치와 사회적 영향, NFT와 전통 예술 시장의 상호작용과 같은 새로운 논의들이 강조되고 있으나, 이를 종합적으로 분석하는 담론은 아직 초기 단계다.

따라서 이 책은 디지털 문화예술 분야의 다양한 현상과 변화, 관련 정책 등에 대한 포괄적인 학술 고찰로 문화예술 현장과 정책 입안자, 연구자 및 예술가에게 실질적인 참고 자료를 제공하고자 한다. 이를 통해 디지털 문화예술의 발전 방향을 효과적으로 모색할 수 있을 것으로 기대된다.

이 책의 구성

이 책의 서문에서는 초연결 사회와 데이터 기반 환경이 예술 창작부터 유통, 향유, 보존 방식까지 어떻게 변화시키고 있는지 전반적으로 살펴보았다. 본문은 10장으로 구성되어 있으며, AI와 메타버스 시대의 문화예술 현상을 다각적으로 분석하면서 주요 키워드와 논의를 중심으로 작성했다.

1장에서는 디지털 인터랙티브 아트(Digital Interactive Art)의 개념과 발전 과정을 다루고, 팀랩(teamLab)과 구글 아트 앤드 컬처(Google Arts & Culture) 등의 사례를 통해 기술 혁신이 예술 창작과 관객 경험을 어떻게 변화시키는지 분석했다. 2장에서는 유럽연합(EU, European Union) · 영국(England) · 싱가포르(Singapore) · 한국의 디지털 문화예술 정책을 비교하고 각국의 정책적 특징을 분석했다.

3장과 4장에서는 메타버스 환경에 집중한다. 3장에서는 확장현실 · 라이프로깅(Lifelogging), 거울세계(Mirror Worlds) 등 다양한 문화 콘텐츠 사례를 소개하고, 4장에서는 디지털 아티스트(Digital Artist) · 가상 퍼포먼스 아티스트(Virtual Performance Artist) · 가상 아이돌(Virtual Idol)과 같은 새로운 예술 주체의 등장과 그 의미를 분석했다.

5장에서는 가상현실 · 증강현실 · AI 튜터(Tutor)가 결합한 몰입형 문화예술교육 사례와 유네스코의 AI 교육 가이드라인을 통해 학습효과와 윤리적 문제들을 살펴봤다. 6장은 생성형 AI가 음악 · 미술 · 문학 창작 과정에 미친 영향을 살펴보고, 인간과 AI의 공동 창조 작업 및 저작권 문제에 대한 논의들을 제기했다. 7장에서는 3차원(3D) 스캔 · 가상 복원 사례를 '유물 · 건축 · 공간' 세 유형으로 나누어, 디지털 문화유산의 보존과 교육적 활용 가능성을 고찰했다.

8장은 메타버스와 AI가 결합한 최신 융합 사례들을 살펴보았고, 9장은 NFT 예술 거래, AI 창작물의 저작권 문제, 플랫폼의 윤리적 책임 등을 중심으로 디지털 문화예술 윤리를 논의했다. 마지막 10장은 하이브리드

(Hybrid) 공연의 뉴노멀(New Normal) 정착과 양자 컴퓨팅(Quantum Computing) 등 미래 기술을 전망하며, 기술과 인간, 전통이 공존하는 문화생태계 구축을 위한 방향성을 모색했다.

이 책은 디지털 문화예술과 관련된 학술적 논의와 현장 적용성이 높은 사례 및 정책 분석을 제공해 독자들이 디지털 문화예술의 현재를 이해하고 미래의 방향을 구체적으로 계획할 수 있는 종합적 지침서 역할을 하고자 한다.

참고문헌

문화체육관광부(2025). "2025년 주요업무 추진계획". http://www.socialpolicy.go.kr/doc/plan2025/mcst_plan_2025.pdf

박원희(2025.6.9). "한국뮤지컬협회 '어쩌면 해피엔딩' 토니상, 소극장 성공사례". 연합뉴스. https://www.yna.co.kr/view/AKR20250609097200005

신혜선·임학순(2021). "포스트 코로나 시대 디지털 문화예술 정책과제의 쟁점과 방향성: 국제기구 정책 담론과 국가정책 사례를 중심으로". 《문화정책논총》, 35(2), 89~120쪽.

이혜진(2025.6.13). "[북스&] 인류와 AI의 결합… 어쩌면, 해피엔딩". 서울경제. https://v.daum.net/v/20250613141523694

하은(2025.1.8). "디지털 자산과 문화예술 공진화를 통한 기부 문화 혁신". 소셜임팩트뉴스.
https://www.socialimpactnews.net/news/articleView.html?idxno=3241

Borg, J.(2022). 10 Superstars that have performed in the metaverse. Hypebot.
https://www.hypebot.com/hypebot/2022/11/10-superstars-that-have-performed-in-the-metaverse.html

Christie's.(2018.12.12). Obvious and the interface between art and artificial intelligence.
https://www.christies.com/en/stories/a-collaboration-between-two-artists-one-human-one-a-machine-0cd01f4e232f4279a525a446d60d4cd1

Goslin, A.(2020.4.25). Fortnite's Travis Scott event drew over 27 million players. Polygon.
https://www.polygon.com/fortnite/2020/4/24/21235017/fortnite-travis-scott-event-concert-astronomical-12-3-million-concurrent-players-record

Kastrenakes, J. & Heath, A.(2021.10.26). Facebook is spending at least $10 billion this year on its metaverse division. The Verge.
https://www.theverge.com/2021/10/25/22745381/facebook-reality-labs-10-billion-metaverse

McCarthy, J. et al.(2006). A proposal for the Dartmouth Summer Research Project on Artificial Intelligence, August 31, 1955. *AI Magazine, 27*(4), pp.12~14.
https://doi.org/10.1609/aimag.v27i4.1904

Mitchell, B.(2019.7.17). Microsoft using AI to preserve cultural heritage as part of AI for Good. blooloop.
https://blooloop.com/technology/news/microsoft-ai-cultu

ral-heritage
UNCTAD(2024.7.11). How digitalization is transforming the creative economy.
https://unctad.org/news/how-digitalization-transforming-creative-economy
UNESCO German Commission(2024). AI in the Cultural and Creative Industries.
https://www.unesco.de/assets/dokumente/Deutsche_UNESCO-Kommission/02_Publikationen/DUK_Broschuere_KI_und_Kultur_EN_web_02.pdf

01
디지털 혁신과 문화예술

디지털 혁신은 문화예술 분야에서 왜 중요한가? 초연결과 디지털 기반 기술의 발전은 예술 창작, 유통, 소비 방식에 근본적인 변화를 가져왔다. 백남준의 비디오 아트에서 시작된 기술과 예술의 융합은 팀랩의 몰입형 인터랙티브 작품으로 진화했고, '구글 아트 앤드 컬처'는 문화유산의 접근성을 획기적으로 높였다. 이러한 디지털 전환은 예술 경험의 민주화를 이루며 창작의 새로운 지평을 열고 있다.

AI와 1인 창업?

디지털 대전환과 문화예술

현대 사회는 전례 없는 규모와 속도로 대전환 시대를 맞이했다. 경제, 기술, 세대, 자본주의, 정부 정책, 경영 철학을 아우르는 총체적 전환이 진행되고 있다. 4차 산업혁명에 따른 디지털 대전환과 코로나19 팬데믹이 인류 문명의 변화를 가속화했다. 그중에서도 디지털 대전환은 가장 핵심적인 요소로 볼 수 있으나, 아직 이에 대한 정확한 개념 정립과 체계적인 학술적 논의가 부족한 상황이다(주영섭, 2022).

디지털 대전환의 핵심은 연결성과 데이터에 있다. 이동통신 네트워크 기술의 발전으로 초연결 시대를 맞이했으며, 사람과 사물을 실시간으로 연결하는 새로운 기술 환경이 조성되었다. AI와 컴퓨터 기술의 발전은 대규모 실시간 데이터 분석과 가공을 가능하게 해, 이는 디지털 대전환 시대의 기술적 토대를 마련했다(주영섭, 2022). 디지털 대전환은 문화예술 분야에서 창작자와 관객의 관계, 작품의 유통 방식을 근본적으로 재편하는 토대가 된다는 점에서 특히 중요하다.

최근 세계적으로 부상하는 ESG(Environmental, Social, and Governance) 등 새로운 경영 패러다임과 함께 문화예술 분야에서도 디지털 대전환이 이루어지고 있다. ESG는 환경, 사회, 지배구조를 의미하며, 기업의 지속가능성을 평가하는 핵심 지표로 자리 잡았다. 문화예술의 디지털 대전환은 새로운 창작 가능성을 열면서, 예술의 개념과 범주를 확장하고 있다. 디지털 기술의 발달로 예술가들은 전통적인 작품에 첨단 디지털 기술을 접목해 예술 경험의 새로운 방향성을 모색하고 있다. 이러한 변화는 단순한 기술 도입을 넘어 예술의 본질적 의미를 재정의하는 과정이다.

비디오아트의 선구자 백남준은 기술과 예술의 융합을 통해 현대 예술의 발전을 이끌었다. 1963년 독일 부퍼탈(Wuppertal)에서 열린 〈음악-전자 텔레비전 전시(Exposition of Music-Electronic Television)〉는 그의 첫 주요 전시회였다. 이 전시에서 백남준은 변형된 피아노, 조작된 텔레비전 세트 등 다양한 실험적 작품을 선보였다. 그는 텔레비전을 단순한 엔터테인먼트 매체에서 예술적 표현의 매개체로 활용했으며, 관객과 예술 작품 사이의 장벽을 허무는 행위 예술을 추구했다. 그의 작업은 일방적인 관람 구도에서 벗어나 관객의 적극적인 참여를 유도했으며, 다양한 실험을 통해 예술의 경계를 확장했다(Lightfoot, 2023).

관객 참여형 인터랙티브 아트를 통한 백남준의 혁신

적 접근은 현대 미디어아트(Media Art) 발전에 큰 영향을 미쳤으며, 디지털 시대 예술의 방향성을 제시했다는 점에서 중요한 의미를 가진다.

디지털 인터랙티브 예술

1960년대 초반 시각예술 분야에서 인터랙티브의 개념이 주목받기 시작했다. 이는 인터랙티브 아트가 예술가와 관객 사이에 새로운 형태의 소통 창구가 될 것이라는 인식에서 비롯되었다. 핵심적 변화는 관객이 단순한 감상자에서 벗어나 예술적 과정에 직접 참여함으로써 작품의 일부로 통합될 수 있다는 점이다(Zhou, 2021).

전통적인 인터랙티브 개념은 공연장이나 미술관과 같은 한정적인 장소에서 예술 작품을 구현하는 것으로 인식되었다. 그러나 1970년대부터 예술과 과학의 협업을 통해 디지털 인터랙티브 아트가 발전하면서, 표현 영역의 새로운 가능성을 열었다.

디지털 아트(Digital Art)라는 용어는 1980년대 초반에 처음 등장했다. 컴퓨터 엔지니어이자 선구적인 디지털 아티스트였던 해럴드 코언(Harold Cohen)이 제작한 아론(AARON) 프로그램은 AI 기반 디지털 아트의 가능성을 실험한 선구 사례로 꼽힌다(Tate). 이는 로봇 기계가 바닥에 놓인 종이에 대규모 그림을 자동으로 그릴 수 있도록 설계된 혁신적인 시스템으로, AI와 예술의 초기 결합 사례로 평가받는다.

디지털 인터랙티브의 개념을 이해하려면 '디지털'과 '인터랙티브'라는 두 개념의 유기적 연결성을 파악해야 한다. 테이트 미술관(Tate Gallery)의 정의에 따르면, '디지털 아트'는 기술적 수단을 활용해 제작되거나 디지털 형식으로 표현되는 작품을 의미하며, '인터랙티브 아트'는 관객의 능동적 참여를 핵심 요소로 한다. 현대의 디지털 인터랙티브 예술 작품은 혼합 미디어 구성을 통해 대규모 물리적 공간을 활성화하며, 반응형 기술을 통해 관람객의 참여를 유도한다.

2001년 설립된 팀랩은 일본의 대표적인 디지털 아트 그룹으로 예술가, 프로그래머, 애니메이터, 엔지니어, 수학자, 건축가, 디자이너 등 다양한 분야의 전문가들이 협업하는 학제 간 창의 집단이다. 팀랩은 엡손(Epson)의 '3LCD(Three-Liquid Crystal Display)' 프로젝터를 활용해 몰입형 디지털 설치물을 구현하며, 스스로를 '울트라 테크놀로지스트(Ultra-Technologist)'로 지칭했다(Du, 2020).

이들은 예술, 과학, 기술, 창의성, 자연 세계 사이의 균형과 통합적 연결을 추구하며, 기술이 예술의 가능성을 확장하고, 디지털 아트가 인간 관계의 새로운 방향성을 제시할 것으로 본다. 팀랩은 관객의 단순한 감상을 넘어, 관객 간의 상호작용과 작품에 대한 정서적 유대감 형성을 중요시한다. 이처럼 디지털 인터랙티브 예술은 예술가에게 상상력을 구현할 새로운 표현 매체를 제공하고, 관객에게는 작품 내부로 진입하는 몰입적 경험을 선사하며 예술 표현의 범위를 확장하고 있다.

디지털 플랫폼과 문화예술의 접근성 향상

디지털 플랫폼과 온라인 아카이브(Online Archive)의 발전은 관객의 예술 작품에 대한 접근성을 향상했다. 나아가 관객이 직접 예술적 과정에 참여할 수 있는 기회도 제공했다.

2011년부터 시작된 '구글 아트 앤드 컬처'는 구글이 세계 각국의 미술관 및 문화기관의 소장 작품을 고해상도 디지털 이미지로 변환해 온라인에 무료로 제공하는 문화예술 프로젝트다. 현재 세계 80개국 2000개 이상의 문화기관과 협력해 1800만 점 이상의 예술 작품과 문화유산이 디지털 플랫폼에 구현되었다(Google Arts & Culture). 이는 인류 문화유산 디지털 아카이브로서 중요한 의미를 갖는다. 구글은 '초고해상도 이미지 캡처 기술(Ultra-High-Resolution Image Capture Technology)'을 활용해 작품의 미세한 세부 요소까지 탐색할 수 있는 기능을 제공한다. 특히 렘브란트(Rembrandt van Rijn)의 작품을 7기가 픽셀 이미지로 제공하여, 육안으로 볼 수 없는 작품의 질감과 세밀한 부분까지 관찰할 수 있게 했다. 또한 이용자들은 '사용자 갤러리(User Gallery)'를 자신만의 갤러리로 구성하여 다른 이용자들과 공유할 수 있다(MAXXI). 즉 이 프로젝트는 문화예술에 대한 접근을 '민주화'했다는 평가를 받으며, 미래 세대를 위한 문화유산 보존의 사회적 가치를 구현한다.

디지털 혁신은 문화예술의 접근, 창작, 감상 방식에 대한 근본적인 변화를 가져왔으며, 예술의 미래에 대한 새로운 가능성을 제시한다. 디지털 기술과 문화예술의 융합은 단순한 기술적 발전을 넘어, 인간의 창의성과 기술이 상호 보완적으로 협력해 만들어 내는 새로운 차원의 예술적 경험을 창출한다.

참고문헌

주영섭(2022.4.24). "[기고]디지털 대전환은 시대정신이자 성공 요건이다". 전자신문.

https://www.etnews.com/20220422000162
Du, D.(2020.2.11). Digital Art Collective TeamLab. Digital Innovation and Transformation, Harvard Business School Digital Initiative.
https://d3.harvard.edu/platform-digit/submission/digital-art-collective-teamlab
Google Arts & Culture.
https://artsandculture.google.com
Lightfoot, D. Tulla.(2023). Nam June Paik Exhibits Video and Television as Art. EBSCO Research Starters.
https://www.ebsco.com/research-starters/communication-and-mass-media/nam-june-paik-exhibits-video-and-television-art
MAXXI. Google Art Project.
https://www.maxxi.art/en/google-art-project
Tate. Digital art.
https://www.tate.org.uk/art/art-terms/d/digital-art
Zhou, H.(2021.10.5). Artistic Futures: Digital Interactive Installations. Arts Management & Technology Laboratory of Carnegie Mellon University.
https://amt-lab.org/blog/2021/10/artistic-futures-digital-interactive-installations

02
디지털 문화예술 정책의 변화

세계 각국은 문화예술의 디지털 전환에 정책적으로 대응하고 있다. 유럽연합은 '창의성'과 '사회적 가치'를, 영국은 '예술인의 디지털 역량'을, 싱가포르는 '공동체 중심의 문화 혁신'을, 한국은 '문화 전반의 디지털 생태계 구축'을 목표로 하고 있다. 이처럼 각국의 정책들은 기술과 문화의 조화를 통해 새로운 예술 환경을 만들어 가고 있다.

AI와 MBTI?

디지털 문화예술의 글로벌 정책

디지털 기술의 발전에 따라 각국 정부와 문화예술 기관은 디지털 문화예술 지원을 위한 다양한 정책을 펼치고 있다. 특히 해외 주요국들은 문화예술의 창작, 유통, 향유 전 과정에 걸친 디지털 전환을 위한 종합적인 지원 체계를 구축하고 있다.

2024년 8월부터 발효된 'EU AI법(EU AI Act)'은 고위험 AI 시스템에 대해 투명성, 위험 평가, 인간 감독 등을 의무화하며, 저작권 및 데이터 활용의 윤리적 기준도 규정해 문화예술 분야 AI 활용의 법적 기반을 강화하고 있다. 'EU AI법'은 생성형 AI 시스템에 대해 구체적인 저작권 및 표시 의무를 부과한다. 'AI 생성 콘텐츠 표시 의무'에서 이미지, 음성, 비디오[딥페이크(Deepfake)] 등 AI 생성 콘텐츠는 '인공적으로 생성 또는 조작된 것'임을 표시해야 하며, 공공의 이익과 관련된 정보를 제공하는 텍스트도 인공 생성물임을 표시해야 한다는 내용을 담고 있다(European Parliament, 2024; Investopedia, 2024).

유럽연합은 디지털 시대의 문화예술 진흥을 위한 정책을 체계적으로 추진하고 있으며, 그 중심에는 EU 집행위원회의 대표적인 문화 지원 정책인 '크리에이티브 유럽 프로그램(Creative Europe Programme)'이 자리하고 있다. 2021년부터 2027년까지 약 24억 4000만 유로(약 3조 5000억 원)의 대규모 예산을 투입하는 이 프로그램은 문화적 다양성 보존과 창조산업의 경제적 극대화를 목표로, 예술가, 문화 전문가, 창조산업 프로젝트 등을 지원하고 있다(European Commission).

특히 주목할 것은 '크리에이티브 혁신 랩(Creative Innovation Lab)'이다. 이 프로그램은 다양한 분야의 전문가들이 협업해 창의적인 디지털 도구와 활용 방안을 설계하고 실험할 수 있는 환경을 제공한다. 창의, 시청각, 문화 분야를 위한 혁신적인 도구와 비즈니스 모델 개발에 중점을 두고 있다(European Commission). 유럽연합 정책은 디지털 창의성을 촉진함과 동시에, 환경 지속성, 사회적 포용성과 같은 핵심 사회적 가치를 통합적으로 고려한다. 이는 디지털 혁신과 인문학적 가치의 균형 있는 발전을 추구하는 유럽의 문화정책 방향성을 보여준다.

영국은 비교적 초기부터 기관 주도의 체계적인 문화예술 분야 디지털 지원 정책을 시행했다. 영국 예술위원회(Arts Council England)의 10개년 문화전략 '렛츠 크리에이트 2020~2030(Let's Create 2020~2030)'은 디지털 혁신을 통한 예술의 접근성 확대와 창작 방식의 다양화를 목표로 한다. 본 전략의 실행 핵심은 2019년 출범한 '디지털 컬처 네트워크(DCN, Digital Culture Network)'다. 이 네트워크는 문화기관과 예술가들의 디지털 역량 강화 교육과 컨설팅 기회를 제공한다(Digital Culture Network). 1750곳 이상의 기관과 예술가에게 일대일 맞춤형 컨설팅을 제공했으며, 1만여 명의 문화예술인들에게 디지털 역량 강화를 위한 교육 프로그램을 운영했다(Collections Trust). 이러한 현장 중심의 접근법은 영국 문화예술계 전반에 걸쳐 디지털 활용 역량을 효과적으로 강화했다. 특히 본 정책은 코로나19 팬데믹 기간 동안 문화예술계의 디지털 전환 가속화에 결정적인 역할을 한 것으로 평가받고 있다.

싱가포르의 디지털 포 라이프

싱가포르는 범국가적 디지털화 전략인 '디지털 포 라이프(Digital for Life)'를 중심으로 문화예술 분야의 디지털 혁신을 체계적으로 추진한다. 이 프로젝트는 국민이 체계적인 교육을 통해 문화예술 분야의 디지털 중심 생활 방식을 효과적으로 수용하고, 이를 통해 지역사회의 활력을 증진하는 것을 핵심 목표로 한다(Infocomm Media Development Authority).

프로그램은 전문가 주도의 마스터 클래스(Master Class), 협업 중심의 그룹 워크숍(Group Workshop), 기업 대상 시연회 등 다양한 형태로 운영된다. 경험이 풍부한 기업과 전문가들이 참가자에게 맞춤형 코칭을 제공하며, 변화하는 환경에 효과적인 역량을 개발하도록 지원한다(이정재, 2022).

주목할 만한 사례는 '챔버 뮤직 앤드 아트 싱가포르(Chamber Music and Arts Singapore)'가 운영한 〈글래스 하우스(The Glasshouse)〉 프로젝트다. 이 프로젝트는 온라인 가상공간에서 고품질 음악과 예술 콘텐츠를 제공해 참가자들의 내적 성장을 도모했다. 아동과 청년 등 다양한 계층이 수준 높은 예술을 디지털로 향유하고 창의적인 콘텐츠를 직접 제작하고 공유함으로써, 디지털 역량과 문화적 참여도를 동시에 강화했다(Chamber Music and Arts Singapore).

이러한 시도들은 디지털 기술이 공동체의 문화적 삶을 풍요롭게 만들 수 있다는 점에서, '디지털 포 라이프'가 지향하는 포용적 디지털 사회의 핵심 가치를 구현하고 있다.

한국의 문화 디지털 혁신 정책

한국 정부는 글로벌 디지털 문화예술 정책 동향을 수용해 국가적 차원에서 디지털 문화예술 정책을 강화하고 있다. 문화체육관광부를 중심으로 디지털 기술을 활용한 문화예술의 창작, 향유, 전문 인력 양성 및 문화유산 보존 등 다양한 분야에 걸쳐 종합적 정책 체계를 구축했다.

2025년 1월 제정된 후 2026년 1월 시행 예정인 「AI 발전과 신뢰 기반 조성 등에 관한 기본법(이하 AI기본법)」을 통해 한국은 AI 시스템의 안전과 신뢰성, 투명성을 법제화했다. 이 법은 AI 위험 등급, 안전조치 의무, 정부의 AI 정책 협의체 구성 등을 규정하고 있으며, 국내 문화예술 기관의 AI 기반 콘텐츠 개발 및 유통에서도 법적 기준을 제공한다(Araki International IP & Law, 2025).

한국 정부는 문화예술 분야의 디지털 혁신을 핵심 국가 전략으로 설정해 체계적인 추진 기반을 마련했다. 문화체육관광부는 2023년 제1차 '문화 디지털혁신 기본계획 2025(2023~2025)'를 수립했으며, 본 계획에서 '새로운 가치와 경험이 있는 디지털 문화일상'이라는 비전을 제시했다. 이 계획은 문화 매력 국가 실현을 목표로, 문화예술 창작 및 유통에서 행정 서비스에 이르기까지 문화 전반의 포괄적 디지털 전환을 추진한다. 2024년 시행 계획에서는 98개 세부 과제에 약 5197억 원의 예산을 투입한다. 주요 추진 내용은 초거대 AI, 디지털 플랫폼 등 핵심 기술 개발, 문화 자원 데이터 개방, 융복합 창의 인재 양성 등이다. 이러한 전략적 투자를 통해 K-컬처 산업의 국제 경쟁력 강화, 국민의 문화 향유 기회 확대, 문화 행정의 혁신적 전환을 목표로 한다(이은정, 2024).

문화예술의 디지털 전환 정책은 문화유산 분야에서도 구체적으로 실현되고 있다. 국가유산청(옛 문화재청)은 2021년 '문화재 디지털 대전환 2030' 계획을 발표하며, 2030년까지 문화재의 보존, 관리, 활용 전 과정을 디지털화하는 내용을 담고 있다. 이 계획은 문화재 관리 및 대국민 서비스에 데이터 기반 접근 방식을 도입하고, AI와 빅데이터 같은 지능 정보기술을 적극적으로 활용하는 패러다임 전환 내용을 포함한다.

'문화재 디지털 대전환 2030'은 '디지털로 미래가치를 창출하는 문화유산'을 핵심 목표로 설정하고, 4대 전략과 17개 정책 과제, 59개 세부 과제로 구성되어 있다. 4대 전략은 '업무 방식의 디지털 전환', '대국민 서비스 디지털 혁신', '데이터 축적 · 관리 방식 개선', '디지털 생태계 강화'를 포함한다. 구체적 실행 사업으로 문화재 빅데이터 플랫폼 구축을 통해 방대한 문화유산 자료를 통합 관리하고, 축적된 데이터를 웹툰, 게임 등 문화산업의 원천 자료로 개방하고자 한다. 또한 국가 귀속 출토 유물의 체계적 목록화, 국외 소재 문화재의 디지털 아카이브 구축, 세계유산 자료와 정보 체계 구축 등을 추진한다(국가유산청, 2021).

혁신적 서비스 개발 측면에서 한양도성이나 경주 등 역사도시의 문화재, 인물, 사건 등을 가상공간에 디지털로 복원한 '메타버스 타임머신'이 주목할 만하다. 이러한 문화유산의 디지털화 프로젝트는 데이터 증거 기반의 문화 행정을 구현하고, 국민에게 새로운 문화 경험을 제공하는 정부 정책의 방향성을 보여 준다.

한국의 문화 디지털 혁신 정책은 첨단 기술과 문화의 유기적 융합을 통해 문화와 산업적 가치를 창출하고자 한다. 디지털 혁신 협의회 운영 등 민관 협력 체계를 강화하고, 문화예술 콘텐츠의 생산, 유통, 향유, 행정의 전 과정을 아우르는 통합적 디지털 생태계를 조성하는 데 중점을 두고 있다.

이러한 정책적 노력은 디지털 포용과 문화적 창의성이라는 두 가지 핵심 가치를 반영하며, 지속 가능한 K-컬처 경쟁력 강화와 국민의 문화적 삶의 질 향상에 기여한다.

참고문헌

국가유산청(2021.6.16). “‘문화재 디지털 대전환 2030’발표 – 올해부터 2030년까지 문화재 보존·관리·활용 전 분야에 디지털 방식 도입”. https://www.korea.kr/briefing/pressReleaseView.do?newsId=156456796

문화체육관광부(2023.8.2). “문화 디지털혁신 기본계획 2025”. https://www.mcst.go.kr/kor/s_policy/dept/deptView.jsp?pSeq=1792&pDataCD=0417000000&pType=01

이은정(2024.5.9). “문체부, AI 등 디지털 기반 K-컬처 육성… 올해 5천억원 투입”. 연합뉴스. https://www.yna.co.kr/view/AKR20240509130200005

이정재(2022.3.14). “불우 청소년들을 교육하는 싱가포르의 사회적기업, 해치”. 이로운넷. https://www.eroun.net/news/articleView.html?idxno=27637

Araki International IP & Law(2025.3.17). The Korean AI Basic Act: Asia’s First Comprehensive Framework on AI. https://arakiplaw.com/en/insight/2409/

Collections Trust. Digital Culture Network. https://collectionstrust.org.uk/resource/digital-culture-network

Digital Culture Network. About the Network. https://digitalculturenetwork.org.uk/about/about-the-network

Digital for Life. Chamber Music and Arts Singapore. https://www.digitalforlife.gov.sg/about/our-partners/chamber-music-and-arts-singapore

European Commission. About the Creative Europe programme. https://culture.ec.europa.eu/creative-europe/about-the-creative-europe-programme

European Commission. Creative Innovation Lab: Unleashing innovative solutions for the audiovisual and creative sectors. European Commission. https://digital-strategy.ec.europa.eu/en/funding/creative-innovation-lab-unleashing-innovative-solutions-audiovisual-and-creative-sectors

European Parliament(2024). EU AI Act: first regulation on artificial intelligence. https://www.europarl.europa.eu/topics/en/article/20230601STO93804/eu-ai-act-first-regulation-on-artificial-intelligence

Infocomm Media Development Authority. Digital for Life. https://www.imda.gov.sg/about-imda/who-we-are/digital-for-life

Investopedia(2024). What's Inside the EU AI Act—and What It Means for Your Privacy. https://www.investopedia.com/eu-ai-act-11737033

03
메타버스와 문화 콘텐츠

메타버스는 문화 콘텐츠의 창작과 향유 방식을 혁신하며, 디지털 시대의 새로운 문화 생태계를 만들고 있다. 증강현실, 가상세계, NFT 등의 기술이 케이팝, 드라마, 예술 전시에 적용되면서 시공간을 넘나드는 몰입형 경험을 제공한다. 이는 메타버스가 단순한 기술을 넘어 문화산업의 미래를 재정의하는 핵심 플랫폼으로 자리매김하고 있음을 보여 준다.

AI와 난임 극복?

메타버스의 개념

메타버스는 초월을 의미하는 '메타(Meta)'와 현실 세계의 '유니버스(Universe)'가 결합한 단어로, 자신을 대변하는 아바타가 활동하는 3차원 가상세계를 의미한다. 이 개념은 닐 스티븐슨(Neal Stephenson)의 SF 소설 《스노크래시(Snow Crash)》에서 처음 사용되었다. 소설 속에서는 메타버스라 불리는 거대한 가상현실 공간이 등장한다(서성은, 2008; 정지은 외, 2022).

초기 메타버스는 단순한 게임과 2D 형식의 전자 게임이 주를 이루었다. 하지만 3D 그래픽 기술과 인터넷의 발전으로 가상세계의 활용 범위가 확장되었다. 현재 메타버스 플랫폼은 단순한 콘텐츠 소비를 넘어 게임, 엔터테인먼트, B2C(Business to Consumer) 분야로 확대되고 있으며, B2C는 기업이 직접 소비자에게 제품이나 서비스를 판매하는 비즈니스 모델을 의미한다. 대표적인 사례로, 명품 브랜드 구찌(Gucci)는 브랜드 홍보를 위해 SNS(Social Networking Service) 기반 메타버스 플랫폼인 제페토(ZEPETO)와 아바타용 패션 아이템을 출시해 많은 인기를 끌었다(황순민, 2021).

메타버스의 유형

2006년 5월 미국미래학협회(ASF, Acceleration Studies Foundation)의 주최로 메타버스 로드맵 서밋(Metaverse Roadmap Summit)이 개최되었다. 이 회의를 통해 발표된 《메타버스 로드맵: 3D 웹으로 가는 길(MVR, Metaverse Roadmap)》 보고서는 메타버스의 발전과 가능성을 제시한 것으로 평가받는다. 보고서에서는 메타버스를 구현하는 정보와 공간 특성에 따라 '증강현실', '가상세계', '라이프로깅', '거울세계' 네 가지 유형으로 구분하고 있다(정지은, 2023; Acceleration Studies Foundation, 2007).

증강현실은 현실 공간 위에 3차원 가상 물체를 겹쳐 보여 주는 기술로, 정보의 현실감을 높이며 사람 중심 서비스 사회의 핵심 사용자 접속 환경으로 활용될 수 있다. 대표적인 사례로 전 세계적 열풍을 일으킨 〈포켓몬 고(Pokemon GO)〉를 꼽을 수 있다. 이 게임은 증강현실 기술을 활용해, 가상의 캐릭터인 포켓몬이 스마트폰 화면을 통해 현실 공간에서 나타나는 것처럼 구현했다(이재영 외, 2011; Azuma, 1997).

'가상세계'는 새롭게 창조된 디지털 환경을 뜻하며, 현실과 유사한 가상공간에서 일상생활과 업무가 가능한 환경을 조성한다. 사용자들은 메타버스의 핵심 요소인 아바타를 통해 이 공간에서 상호작용할 수 있다(한상열, 2021).

'라이프로깅'은 '로그(Log)'라는 단어가 의미하듯, 일상에서 일어나는 일들을 기록하고 이를 타인과 공유하는 방식으로 작동한다(한상열, 2021). 인스타그램(Instagram), 페이스북 같은 대표적인 SNS 플랫폼이 이에 해당한다.

'거울세계'란 현실 세계를 디지털 공간에 정밀하게 복제한 가상 환경, 즉 디지털 트윈(Digital Twin)을 의미한다. 현실의 지형, 건물, 환경 등이 가상공간에 그대로 구현되는 것으로, 구글 어스(Google Earth)가 대표적인 예다(윤민혁, 2021).

문화 콘텐츠와 메타버스

문화 콘텐츠는 단순한 소비를 넘어 새로운 생산과 결합하며 높은 성장 잠재력과 경제적 파급 효과를 지닌다. 이러한 잠재력은 특히 메타버스 시장에서 뚜렷하게 나타난다. 2023년 3월 글로벌 시장조사업체 프레시던스 리서치(Precedence Research)의 보고서는, 전 세계 메타버스 시장 규모가 2023년 924억 6000만 달러(약 120

조 2000억 원)에서 연평균 38.31%의 성장률을 보이며, 2033년에는 약 2조 3697억 달러(약 3080조 6100억 원)에 이를 것으로 전망했다(Precedence Research, 2023).

이러한 전망은 케이팝, 영화, 드라마, 엔터테인먼트 등 문화 산업 전반에 걸쳐 메타버스가 미래 콘텐츠의 핵심 요소로 인식되고 있음을 보여 준다. 이에 따라 문화 산업 현장에서는 메타버스를 활용한 문화 콘텐츠 사례가 점차 증가하고 있다.

과학기술정보통신부는 국내 메타버스 우수 활용 사례 발굴을 위해 '메타버스 페스티벌(KMF)'의 일환으로 '2023 코리아 메타버스 어워드'를 개최했다(이근우, 2023). 이 행사를 통해 메타버스와 문화콘텐츠의 융합 가능성을 보여 주는 다양한 혁신 사례들이 소개되었다.

메타버스를 활용한 문화콘텐츠 사례

미국미래학협회(ASF)가 제시한 메타버스의 네 가지 유형(증강현실, 가상현실, 라이프로깅, 거울세계)을 기준으로, AI와 같은 첨단 기술이 접목된 문화콘텐츠의 주요 사례들을 살펴보면 다음과 같다.

첫째, 현실과 증강현실 게임이 상호작용하는 혼합현실을 다룬 드라마 〈알함브라 궁전의 추억〉이 대표적인 사례다. 이 드라마는 실제 현실이 투영된 디스플레이(Display) 위에 가상 객체들을 그래픽으로 구현하는 증강현실 기술을 선보였다. 드라마 속 인물이 게임에 접속하는 순간 배경에 가상 정보가 입혀지며, 가상공간과 현실의 경계를 효과적으로 표현했다. 드라마는 게임 공간 속 캐릭터들 간의 전투를 사실적으로 재현해 증강현실 실감 콘텐츠의 가능성을 시각적으로 보여 주었다(이기범, 2019; 허혜정, 2020). 이 사례는 방송 산업뿐만 아니라 게임 및 IT 업계에서도 큰 주목을 받았으며, 첨단 증강현실 기술과 드라마의 파급력이 더해져 새로운 문화적 반향을 일으켰다.

둘째, 아이돌 그룹의 콘셉트를 메타버스에 구현한 글로벌 팬 커뮤니티 'K-POP 호텔' 사례가 주목받았다. SK텔레콤은 자사의 메타버스 플랫폼 이프랜드(ifland)에서 2022년 케이팝 스타의 전용 공간과 맞춤형 아바타를 통해 아티스트와 팬들이 소통할 수 있는 '더 팬 라이브(The Fan Live)'를 선보였다. 2024년에는 케이팝 아이돌과 전 세계 팬들을 위한 혁신적인 메타버스 커뮤니티 'K-POP 호텔'을 오픈했다. 이 공간은 각 아이돌 그룹의 고유한 콘셉트를 3D와 확장현실 기술로 생생하게 구현해 기존 2D 플랫폼과 차별화했다. 'K-POP 호텔'은 전체 층을 조

망하는 '인트로 화면', 1층부터 99층까지 아이돌별로 배정된 '아티스트 라운지', 멤버별 특색을 담은 '멤버룸' 총 3가지의 공간으로 구성됐다(SK텔레콤, 2024). 이프랜드는 '더 팬 라이브'부터 '볼류메트릭 콘서트(Volumetric Concert)', 'K-POP 호텔'에 이르기까지 메타버스 환경에서 케이팝 아티스트와 글로벌 팬들이 소통할 수 있는 혁신적인 플랫폼을 구축했다.

셋째, 메타버스 내 NFT 아트 전시의 대표 사례인 크립토복셀(Cryptovoxels, 현 Voxels)을 들 수 있다. 크립토복셀 월드에서는 사용자들이 가상의 땅 위에 자신의 갤러리를 만들어, NFT 작품을 전시하고 판매할 수 있다. 기존 디지털 작품이 쉽게 복제가 가능한 것과 달리, 크립토아트는 블록체인(Blockchain) 기술로 작품의 희소성이 보장되어 실물 예술 작품과 유사한 가치를 지닌다. 갤러리에 전시된 모든 작품은 NFT로, 작품의 원본 여부와 정확한 복제본 수량을 확인할 수 있다. 관람객이 마음에 드는 작품을 선택하면 해당 작품의 소유주와 NFT 거래 플랫폼 '오픈시(OpenSea)'와 연결되어 즉시 구매가 가능하다(조재석, 2019). 블록체인 기술은 가상현실에 신뢰성을 더하며 새로운 콘텐츠의 가능성을 열고 있다. 시공간의 제약 없이 전 세계 사용자가 예술품을 감상하고 거래하는 '메타버스 NFT 갤러리'가 대표적이다. 이처럼 메타버스는 기술적 도구에 머무르지 않고, 문화콘텐츠의 창작과 소비 패러다임을 바꾸고 있다.

참고문헌

서성은(2008). "메타버스 개발동향과 발전전망 연구". 《한국HCI학회 학술대회》, 1450~1457쪽.

윤민혁(2021.5.16). "네이버, '가상세계' 넘어 '거울세계'로 메타버스 시장 공략". 서울경제. https://www.sedaily.com/NewsView/22MDTKG9PK

이기범(2019.4.28). "게임은 어떻게 드라마가 됐을까… '알함브라 궁전의 추억'". BLOTER. https://https://www.bloter.net/news/articleView.html?idxno=29128

이근우(2023.10.18.). "'2023 코리아 메타버스 어워드' 최종 수상작 15건을 선정". 대한경제. https://www.dnews.co.kr/uhtml/view.jsp?idxno=202310180925039200993

이재영 외(2011). "모바일 증강현실을 활용한 스마트러닝 시스템". 《융합보안 논문지》, 11(6), 17~23쪽.

정지은 외(2022). "메타버스를 활용한 문화콘텐츠 사례 연구". 《문화산업연구》, 22(1), 201~213쪽.

정지은(2023). 《케이팝》. 커뮤니케이션북스.

조재석(2019.12.26). "가상 사무실·갤러리·놀이터… 블록체인 더한 가상현실이 온다". Decenter. https://decenter.kr/NewsView/1VS82U7GZY

한상열(2021). "메타버스 플랫폼 현황과 전망". 《Future Horizon》,

49, 19～24쪽.
허혜정(2020). “증강현실(Augmented Reality)과 K-드라마의 모험 : 〈알함브라 궁전의 추억〉 의 스토리텔링 전략과 스마트 기술 적용 문제를 중심으로”. 《비교한국학》, 28(1), 115～140쪽.
황순민(2021.5.8). ““현실서 못사는 구찌, 여기서라도…”Z세대 메타버스에 열광하는 이유?”. 매일경제. https://www.mk.co.kr/news/society/9862674
SK텔레콤(2024.6.9). “SKT, 글로벌 메타버스 팬 커뮤니티 ‘K-POP 호텔’ 오픈”. https://news.sktelecom.com/204631
Acceleration Studies Foundation(2007). The Metaverse Roadmap: Pathways to the 3D Web. https://www.w3.org/2008/WebVideo/Annotations/wiki/images/1/19/MetaverseRoadmapOverview.pdf
Azuma, R.(1997). A survey of augmented reality. *Teleoperators and Virtual Environments, 6*(4), pp.355～385.
Precedence Research(2023). Metaverse Market Size, Share, and Trends 2024 to 2034. https://www.precedenceresearch.com/metaverse-market

04
메타버스와 예술가

메타버스의 부상은 예술가의 정체성과 창작 방식을 새롭게 바꾸고 있다. 메타버스 예술가는 디지털 기술을 활용해 창작, 유통, 소통에 이르는 전 과정을 수행한다. VR 퍼포먼스, NFT 전시, 가상 콘서트 등 새로운 활동으로 예술가와 관객의 경계는 점차 허물어지고 있다. 이처럼 메타버스는 현실의 한계를 넘어 깊이 있는 예술 경험을 제공하며, 모두가 소통하고 참여하는 새로운 예술 생태계를 열어 가고 있다.

AI와 사주?

메타버스 예술가의 부상

메타버스 기술의 발전이 현실과 가상세계의 경계를 허물면서, 디지털 공간을 무대로 활동하는 새로운 유형의 예술가들이 등장하고 있다. 특히 코로나19 팬데믹을 계기로 비대면 소통이 일상화하면서, 예술가와 대중은 가상세계를 창작과 소통의 핵심 무대로 활용하기 시작했다. 디지털 아티스트, 버추얼 퍼포먼스 아티스트 등 다양한 창작자들이 메타버스에서 활발히 활동하며 새로운 창작 생태계와 경제 구조를 만들고 있다.

블록체인, 가상현실, 증강현실과 같은 첨단 기술은 창작자와 향유자 간의 관계를 더욱 긴밀하게 만들고, 몰입도 높은 예술 경험을 선사한다. 이 장에서는 메타버스가 예술계에 가져온 변화와 가능성을 구체적으로 탐색한다. 이를 위해 예술가와 관객 간의 상호작용, 플랫폼 활용 방식, 다양한 메타버스 예술가의 유형을 살핀다.

메타버스 기반 예술가의 창작 및 소통

메타버스 예술가들은 디지털 플랫폼에서 콘텐츠를 직접 창작하고 유통하며 소비자와 소통한다. 이들은 3D 모델링 툴, 게임 엔진, VR 창작 도구 등 다양한 디지털 제작 도구를 활용해 가상공간의 콘텐츠를 제작하고, 온라인 커뮤니티를 통해 작품을 선보이면서 관객과 실시간으로 교류한다. 기존 예술 시장에서는 갤러리, 공연장 등 여러 중개자가 존재했지만, 메타버스 환경에서는 창작자와 향유자 간의 직접적인 교류가 이루어진다는 특징이 있다. 이러한 변화는 창작과 감상의 경계를 허물고 보다 유기적이고 수평적인 예술 커뮤니티를 형성하게 한다(박성민, 2024; 이민하, 2022). 현대의 메타버스 예술가는 다양한 기술을 활용하여 멀티미디어 창작자로 활동한다. 한 사람이 3D 모델링으로 작품을 만들고, 이를 NFT로 발행하여 SNS나 메타버스 이벤트를 통해 커뮤니티와 직접 소통하는 통합적 활동을 펼친다.

메타버스 예술가들은 각 플랫폼의 특성을 활용한 창작 활동을 전개하고 있다. VR챗(VRChat)은 실시간 상호작용 경험을 제공하는 플랫폼으로, 아바타를 활용한 실시간 퍼포먼스와 관객과의 즉각적 소통이 가능하다. 2020년 전자음악의 선구자 장 미셸 자르(Jean-Michel Jarre)는 프랑스 음악 축제 기간에 VR챗을 활용해 대규모 가상 콘서트 〈얼론 투게더(Alone Together)〉를 개최했다. 이 공연은 수천 명의 관객이 아바타로 참여해 실시간으로 음악을 즐기고, 공연 후 아티스트와 직접 대화하는 혁신적인 예술 경험을 선사했다(Skarredghost,

2020).

블록체인 기반 메타버스 플랫폼인 디센트럴랜드(Decentraland)와 크립토복셀은 NFT와 연계된 예술 활동의 중심지로 주목받고 있다. 이들 플랫폼에서 예술가들은 자신만의 가상 갤러리를 구축하고, NFT 형태로 디지털 작품을 전시하며 판매할 수 있다. 대표적인 사례로, 세계적인 경매사 소더비(Sotheby's)는 런던 본사 건물을 가상으로 재현한 갤러리를 개설해 NFT 디지털 아트 전시와 경매를 성공적으로 진행했다(이민하, 2022; Magzoid Magazine, 2021).

메타버스 플랫폼에서 열리는 전시나 공연에서는 관객이 아바타로 공간을 돌아다니며 작품을 자유롭게 감상하고, 연동된 NFT 마켓플레이스에서 작품을 즉시 구매할 수 있다. 확장현실 기술과 모션 캡처(Motion Capture) 기술을 활용해 현실의 퍼포먼스를 실시간으로 아바타에 반영함으로써 관객에게 생동감 있는 예술 경험을 제공한다. 예술가는 이제 전 세계를 무대로 활동하며, 시공간의 제약 없이 다양한 국적과 문화적 배경을 가진 관객들과 교류할 수 있다. 이처럼 메타버스 예술가는 새로운 디지털 도구와 플랫폼을 활용해 창작, 발표, 소통을 아우르는 통합적인 활동 양식을 구축하고 있다.

메타버스 기반 예술가의 유형과 사례

메타버스에서 활동하는 예술가들은 창작 방식과 사용하는 매체의 특성에 따라 다양한 유형으로 나눌 수 있다.

첫째, 아바타나 가상 캐릭터를 통해 공연하고 활동하는 '버추얼 퍼포먼스 아티스트'가 있다. 여기에는 가상 아이돌, 버추얼 휴먼(Virtual Human), 디지털 인플루언서(Digital Influencer) 등이 포함된다. 메타버스의 확산과 함께 디지털 휴먼(Digital Human)의 활용이 증가하고 있는데, 이는 인간의 모습과 극도로 유사한 3D 가상 인간을 의미한다. 이들 디지털 휴먼은 엔터테인먼트, 유통, 교육, 방송, 공연 등 다양한 분야에서 활동하고 있다(이승환 · 한상열, 2021).

대표적인 사례인 가상 케이팝 아티스트 아뽀키(Apoki)는 실존 인물이 아닌 3D 캐릭터로, 2021년 디지털 싱글 앨범을 발표하고 공연 활동을 펼치는 AI 아이돌이다. 분홍색 토끼 귀가 트레이드마크인 아뽀키는 2025년 9월 기준 틱톡(TikTok) 팔로워 430만 명, 유튜브 구독자 33만 명을 보유하며 세계적인 인지도를 지닌 버추얼 아티스트(Virtual Artist)로 자리매김했다. 1990년대 후반에 등장한 사이버 가수 아담과 비교하면, 아뽀키는 실시간 렌더링 기술(Rendering Technology)의 발전으로 라이브

방송을 통해 팬들과 실시간으로 소통이 가능할 정도로 기술적인 진보를 이루었다. 이러한 버추얼 퍼포먼스 아티스트는 인간의 물리적 한계를 초월한 새로운 표현이 가능하며, 현실과 가상공간을 자유롭게 넘나들며 대중에게 현장감과 몰입적 체험을 동시에 제공한다(정지은 외, 2022; Virtual Humans, APOKI).

둘째, 메타버스 기술로 현실과 가상을 융합하거나 새로운 차원의 공연을 만드는 아티스트들이 있다. 대표적인 사례로 미국 래퍼 트래비스 스콧의 포트나이트 콘서트를 들 수 있다.

2020년 4월, 트래비스 스콧은 인기 온라인 게임 포트나이트 내에서 〈애스트러노미컬(Astronomical)〉이라는 대형 가상 콘서트를 개최했다. 단일 공연에 1230만 명이 동시 접속했고, 다시보기를 포함한 전체 시리즈 조회 수는 4580만 회를 기록하며 메타버스 공연의 압도적인 잠재력을 입증했다.

트래비스 스콧의 애스트러노미컬 콘서트는 단순한 실제 공연의 디지털 복제를 넘어 메타버스 환경만의 독창적인 연출이 돋보였다. 거대한 아바타가 가상공간을 자유롭게 이동하여 현실에서는 불가능한 스펙터클(Spectacle)을 연출했고, 관객에게는 우주를 여행하는 듯한 초현실적인 경험을 제공했다. 이는 전통적인 오프라인(Offline) 공연의 한계를 뛰어넘어 메타버스 플랫폼만의 고유한 예술적 가능성을 제시했다. 혼합현실 공연과 가상 콘서트는 메타버스 기술의 진화와 함께 독립적인 예술 장르로 자리매김하며 공연예술계의 지평을 확장하고 있다.

셋째, 가상공간에서 작품을 창작해 NFT로 판매하는 '디지털 아티스트'가 있으며, 이들은 메타버스 예술 생태계의 핵심적인 주체다. 미국의 디지털 아티스트 비플(Beeple)은 NFT를 활용한 디지털 아트 시장의 성공 사례다. 2021년 그의 작품 〈매일: 첫 5000일(Everydays: The First 5000 Days)〉은 크리스티 경매에서 약 6930만 달러(약 900억 원)에 낙찰되며, 디지털 아트의 경제적 가치를 입증했다(FutureLearn, 2022).

이 작품은 2007년부터 5000일 동안 매일 하나씩 창작한 디지털 이미지를 모아 만든 대형 콜라주로, 순수하게 디지털 형태만 존재한다. 여기서 콜라주는 여러 디지털 이미지를 조합해 새로운 하나의 대형 이미지를 만든 예술 작품을 의미한다. NFT 기술을 통해 작품의 소유권과 진위를 블록체인에 기록함으로써 디지털 아트의 희소성과 새로운 소유 개념을 확립했다(Christie's, 2021; Reyburn, 2021). 한국에서도 그래픽 디자이너 출신의 '미스터 미상(Mr. Misang)'과 같은 작가들이 전통 미술계의 전시 이력 없이 NFT 플랫폼에서만 작품을 판매하며 국제적 주목을 받고 있다(뉴스와이어, 2022). 이러한 사례는 메타버스와 블록체인 기술이 기존 미술 시장의 진입 장벽을 허물고, 새로운 형태의 예술 유통 채널을 창출하고 있음을 보여 준다.

참고문헌

뉴스와이어(2022.12.19). "NFT 아티스트 미스터 미상 'METALEPSIS' 국내 첫 전시회 연다". https://www.newswire.co.kr/newsRead.php?no=958258

박성민(2024.10.1). "메타버스 속 예술, 미래의 새로운 창작 공간". 미디어창업뉴스. http://www.kmedia-news.com/news/articleView.html?idxno=5627

이민하(2022). "메타버스와 미술: 영역 확장과 새로운 관계 형성". 《한국예술연구》, 37, 5~26쪽.

이승환·한상열(2021.4.20). "메타버스 비긴즈(BEGINS): 5대 이슈와 전망". 소프트웨어정책연구소. https://spri.kr/posts/view/23197?code=issue_reports

정지은 외(2022). "메타버스를 활용한 문화콘텐츠 사례 연구". 《문화산업연구》, 22(1), 201~213쪽.

Christie's(2021). Everydays: The First 5000 Days [Digital artwork]. https://www.christies.com/en/stories/monumental-collage-by-beeple-is-first-purely-digital-artwork-nft-to-come

-to-auction-0463a2c0f3174b17997fba8a1fe4c865
FutureLearn(2022). NFTs: A Practical Guide.
https://www.futurelearn.com/info/courses/nfts-a-practical-guide/0/steps/307430
Magzoid Magazine(2021.6.12). Sotheby's to open its first virtual gallery in digital metaverse Decentraland.
https://magzoid.com/sothebys-to-open-its-first-virtual-gallery-in-digital-metaverse-decentraland
Reyburn, S.(2021.3.11). JPG File Sells for $69 Million, as 'NFT Mania' Gathers Pace. The New York Times.
https://www.nytimes.com/2021/03/11/arts/design/nft-auction-christies-beeple.html
Skarredghost(2020.7.4). Alone together: What I have learned organizing a big VR concert. The Ghost Howls.
https://skarredghost.com/2020/07/04/how-to-organize-vr-concert-lessons/
Virtual Humans. APOKI.
https://www.virtualhumans.org/human/apoki

05
AI와 가상현실이 바꾼 문화예술 교육

AI와 가상현실은 예술 교육의 패러다임을 전환하고 있다. 유네스코의 AI 교육 지침은 기술의 창의적 활용과 더불어, 학업 정직성과 개인정보 보호와 같은 윤리적 기준 정립의 중요성을 강조한다. 교육 현장에서는 이미 '틸트 브러시'나 '레플리카'처럼 3D 창작과 즉각적 피드백이 가능한 몰입형 수업이 증가하고 있다. 따라서 최신 기술을 도입하는 동시에, 이를 뒷받침할 윤리적 토대를 마련하는 것이 문화예술 교육의 핵심 과제다.

AI와 아이돌?

AI 관련 문화예술 교육 국제 정책 동향

디지털 기술의 발전은 문화예술 교육 현장에 새로운 변화를 가져왔다. 한국 교육 현장에서는 일부 과목에 AI 디지털 교과서가 도입되었으며, 세계적으로도 AI 관련 교육 정책과 연구가 활발히 이루어지고 있다.

2021년 유네스코는 교육 부문에서 《AI와 교육: 정책입안자를 위한 지침(AI and Education: Guidance for Policy-Makers)》을 발간했다. 이 지침서는 교육 분야에 AI 기술을 접목함으로써 얻을 수 있는 이점을 강조하는 동시에, 잠재적 위험 요소를 완화하기 위한 구체적인 지침을 제공하고 있다(유네스코한국위원회, 2021; 프로젝트 궁리, 2025).

2023년 4월 유네스코는 《챗GPT와 고등교육에서의 AI: 퀵 스타트 가이드(ChatGPT and Artificial Intelligence in Higher Education: Quick Start Guide)》를 발표했다. 이 가이드는 챗GPT와 같은 생성형 AI의 작동 원리를 설명하며, 고등교육 현장에서의 구체적인 활용 방안을 제시한다. 발표 당시 챗GPT 3.5를 기반으로 작성된 이 가이드에서는 AI 사용 시 발생할 수 있는 다양한 도전 과제들을 다루고 있다. 특히 학업적 성실성 문제, 규제 부족으로 인한 혼란, 개인정보 보호에 대한 우려 등 윤리적 함의에 관한 내용을 상세히 다루며, 고등 교육 기관이 이러한 문제에 대응하기 위한 실질적인 조치들을 구체적으로 제안하고 있다(UNESCO, 2023).

국제적 흐름은 AI를 교육 현장에 도입할 때, 기술 활용을 넘어 윤리 문제에 대한 대응 체계를 반드시 갖춰야 함을 강조한다. 따라서 문화예술교육 정책 담당자와 현장 실무자들은 기술 혁신을 추구하는 동시에, 발생 가능한 윤리 문제에 대한 관리 방안도 함께 마련해야 한다. 결국 AI 기술이 문화예술교육 분야에서 건전하게 발전하기 위해서는, 지속적이고 체계적인 정책 지원이 뒷받침되어야 한다.

가상현실과 AI로 변화한 문화예술 교육

현대 문화예술 교육은 가상현실, 증강현실, AI 등 첨단 기술의 도입으로 혁신적인 변화를 경험하고 있다. 특히 코로나19 팬데믹 기간 동안 비대면 교육이 일상화되면서 미술관, 박물관부터 학교 교육 현장까지 디지털 기술과의 융합을 통해 문화예술을 접하고 창작할 수 있는 새로운 환경이 조성되었다.

미술 교육 분야에서는 가상현실 기술이 공간적 한계를 넘어서며 새로운 가능성을 펼치고 있다. 예일대학교

예술대학(Yale University School of Art)의 협업예술·미디어센터(Center for Collaborative Arts and Media, CCAM)는 틸트 브러시를 활용한 혁신적 교육 프로그램을 운영한다. 학생들은 이 프로그램을 통해 3차원 가상 공간에서 입체 작품을 직접 제작하는 경험을 한다. '틸트 브러시'는 본래 구글이 2016년 출시한 VR 페인팅 도구(VR Painting Tool)로, 2021년부터는 오픈소스 프로젝트 '오픈 브러시(Open Brush)'로 전환되어 널리 활용되고 있다(Google for Education).

'틸트 브러시'를 활용한 가상현실 미술 교육은 학생들이 2차원 캔버스(Canvas)를 벗어나 3차원 공간에서의 창작을 가능하게 한다. 학생들은 가상현실 컨트롤러(Controller)를 사용해 허공에 직접 그림을 그릴 수 있다. 특히 불꽃, 별빛, 안개처럼 현실에서는 구현하기 어려운 다양한 재료 효과를 활용해 독창적인 작품을 만들어 낼 수 있다(Google for Education).

이러한 가상현실 기반 미술 교육은 이론과 실기의 경계를 허물고 학생들에게 능동적이며 몰입적인 예술 경험을 제공한다. 더 나아가 몰입형 창작 도구의 활용은 인문학과 STEAM(Science, Technology, Engineering, Arts, Mathematics) 즉 과학, 기술, 공학, 예술, 수학의 융합 교육을 촉진하고, 학생들의 창의적 표현력 향상에 긍정적인 영향을 미치고 있다. 따라서 가상현실 기반 교육은 단순한 기술 습득을 넘어 문화적 정체성을 탐구하고 다차원적 교육 목표를 실현하는 데 중요한 역할을 하고 있다(최우성, 2023).

AI와 확장현실 기술의 발전은 음악 교육 분야에서도 새로운 변화를 이끌고 있다. 가상현실 플랫폼을 통해 학습자들이 가상공간에서 악기를 연주하거나 음악을 감상하는 체험형 수업들이 다양하게 개발되고 있다.

AI 기술을 활용한 음악 교육 시스템은 학습자의 연주를 실시간으로 분석하고 개별적인 피드백을 제공한다. AI 기반 음악 교육 시스템은 모션 캡처 기술(Motion Capture Technology)로 학습자의 연주 동작을 실시간 분석하고, 음성 합성(TTS, Text-To-Speech)과 음성 인식(STT, Speech-To-Text)을 결합한 코칭 기능으로 개인별 맞춤 피드백을 제공한다(Studio VR co, 2023).

이러한 기술적 발전은 전통적인 음악 교육 방식에 새로운 가능성을 제시하고, 학습자가 자신의 속도에 맞추어 자기 주도적으로 학습할 수 있는 환경을 조성한다. 실시간 피드백 시스템은 교육자가 모든 학생에게 개별적으로 지도하기 어려운 수업 환경에서도 효과적으로 활용될 수 있다(전선하, 2024).

디지털 기술의 도입과 예술 교육의 융합은 학생들의 창의성과 표현력을 향상하고, 예술적 상상력과 상호작용을 확장하는 데 크게 기여하고 있다.

확장되는 디지털 문화예술 교육

현대 교육 환경에서 AI와 가상현실 기술은 단순한 도구적 활용을 넘어 교육 방법론의 새로운 가능성을 제시한다. 학교 교육 현장은 물론 박물관, 미술관, 공연장 등 다양한 문화예술 공간에서도 기술을 활용한 창의적 표현, 몰입형 체험, 상호작용 학습 등 새로운 교육적 가치를 창출하고 있다(Rashid, 2024).

미국 뉴욕에 위치한 세계적인 미술관 '메트로폴리탄 미술관(Metropolitan Museum, The Met)'은 전통적인 미술 교육을 디지털 세계로 확장하고 있다(Greater Brighton Metropolitan College).

2023년 8월, 메트로폴리탄 미술관은 통신기업 베라이즌(Verizon)과 협력해 앱 '레플리카'를 출시했다. 이 앱은 유닛9(UNIT9), 오드 투 조이(Ode to Joy) 등 선도적인 디지털 기술 기업들과 협업해 개발했고, 어린이와 청소년을 주요 대상으로 설계했다.

'레플리카 앱'을 통해, 관람객들은 실제 미술관에서의 경험을 메타버스로 확장할 수 있다. 관람객이 실제 미술관에서 작품을 스캔하면, AI 이미지 인식 기술이 작품을 분석하고 그 안의 상징적인 요소를 3D 디지털 아이템으로 변화한다.

이 아이템은 사용자의 로블록스(Roblox) 계정으로 전송된다. 관람객들은 고대 이집트 유물부터 반 고흐(Van Gogh)의 〈밀짚모자를 쓴 자화상〉(1887)의 상징적인 모자까지 다양한 예술 요소들을 수집하고, 이를 로블록스 내 자신의 아바타에 장착하거나 개인 전시 공간에 배치할 수 있다.

메트로폴리탄 미술관은 로블록스 플랫폼 내에 실제 미술관을 정교하게 구현했다. 이용자들은 자신이 수집한 예술품으로 꾸민 아바타를 통해 가상 미술관 내부를 자유롭게 관람하며, 실제 미술관의 주요 건축 요소(5번가 파사드, 그레이트 홀 등)를 디지털 환경에서 생생하게 체험할 수 있다. 이를 통해 이용자들은 가상 미술관에서 예술품과 관련된 풍부한 역사와 정보를 습득할 수 있으며, 자신만의 창의적인 가상 전시 공간도 구성할 수 있다(The Metropolitan Museum of Art, 2023).

이러한 혁신 사례는 디지털 기술과 예술의 융합이 새

로운 차원의 예술교육을 가능하게 함을 보여 준다.

특히 증강현실과 메타버스를 활용한 디지털 예술 교육은 두 가지 점에서 큰 의미를 가진다. 첫째, 전통적인 미술관의 역할을 디지털 시대에 맞추어 확장한다. 둘째, '디지털 네이티브 세대(Digital Native Generation)'에게 맞춤형 몰입 경험을 제공한다.

이는 문화예술 교육 현장이 첨단 기술을 통해 무한히 확장할 수 있음을 보여 주며, 미래 융합형 교육 콘텐츠 개발의 중요성을 강조한다.

참고문헌

유네스코한국위원회(2021). "인공지능과 교육: 정책입안자를 위한 지침". https://unesco.or.kr/wp-content/uploads/2024/06/%EC%9D%B8%EA%B3%B5%EC%A7%80%EB%8A%A5%EA%B3%BC-%EA%B5%90%EC%9C%A1-%EC%A0%95%EC%B1%85%EC%9E%85%EC%95%88%EC%9E%90%EB%A5%BC-%EC%9C%84%ED%95%9C-%EC%A7%80%EC%B9%A8.pdf

전선하(2024.10.10). "스튜디오브이알, AI 튜터링 기반 실감 음악 교육 콘텐츠 'AI Piano Lesson' 출시". 디지틀조선TV. https://www.dizzotv.com/site/data/html_dir/2024/09/11/2024091180206.html

최우성(2023). "VR(Tilt Brush) 미술교육 현장 개발의 효율성을 위한 한국화 이미지 활용 사례 연구". 《미술교육논총》, 37, 84~106쪽.
프로젝트 궁리(2025.3.31). "해외 인공지능 관련 교육 정책 및 연구". arte365. https://arte365.kr/?p=108902
Google for Education. Yale University art students explore painting in 3D with VR and Tilt Brush. https://edu.google.com/resources/customer-stories/yale-vrar
Google for Education. Brown University offers students an immersive experience in American history through VR. https://edu.google.com/resources/customer-stories/brown-vr
Greater Brighton Metropolitan College. VR Art classroom. Connecting European schools through VR classrooms. https://sites.google.com/gbmc.ac.uk/european-vr-classroom/vr-art-classroom
Rashid, S. I.(2024). Exploring Virtual Reality in Arts Education. Research Invention Journal of Research in Education, 4(1), pp.26~30.
Studio VR co., Ltd.(2023). AI Piano Lesson. WELCON. https://welcon.kocca.kr/en/directory/content/ai-piano-lesson--7134
The Metropolitan Museum of Art(2023.8.1). The Metropolitan Museum of Art and Verizon Launch New AR App Experience, Replica. https://www.metmuseum.org/press-releases/the-met-replica-2023-news
UNESCO(2023). ChatGPT and artificial intelligence in higher education: quick start guide.

https://unesdoc.unesco.org/ark:/48223/pf0000385146
Valve. Tilt Brush.
https://store.steampowered.com/app/327140/Tilt_Brush

06
AI와 예술 창작

AI가 인간과 협업하는 새로운 창작 도구로 주목받고 있다. AI는 방대한 데이터를 학습해 음악에서는 창의적인 멜로디를, 미술에서는 독창적인 이미지를 생성한다. 문학 분야에서는 인간의 글과 구별하기 어려운 문장을 창작하며 예술의 경계를 확장하고 있다. 이처럼 AI는 단순한 도구를 넘어 인간과 협업하는 파트너로 발전하며 새로운 창작 가능성을 열고 있지만, 그 과정에서 기술 수용과 윤리에 대한 쟁점 또한 제기되고 있다.

AI와 야구?

AI 음악 창작과 협업

음악 작곡 분야에서 AI는 인간 창작자와 협업 파트너로 자리 잡고 있다. 대표적인 사례로 소니컴퓨터사이언스 연구소(Sony CSL, Sony Computer Science Laboratory)가 2012년부터 진행한 '플로 머신(Flow Machines)' 프로젝트를 들 수 있다. 이 프로젝트는 음악 창작자의 창의적 역량 확장을 목표로, 사용자가 지정한 스타일과 코드 진행을 분석해 4~8마디 단위의 멜로디를 생성한다. 팝, 일렉트로닉 댄스 뮤직(EDM, Electronic Dance Music) 등 100여 종의 사전 설정된 스타일 팔레트를 통해 무한한 변주가 가능하다(Flow Machines; NavTo.AI).

플로 머신은 방대한 악보 데이터를 학습해 새로운 멜로디를 창출하는 AI 작곡 시스템이다. 2016년, 비틀스 스타일의 멜로디를 AI가 생성하고, 인간 작곡가가 이를 완성한 협업 사례가 주목받았다(Vincent, 2016). 플로 머신 연구팀은 약 1만 3000곡의 선율과 화성 데이터를 분석해 스스로 곡의 멜로디를 작곡할 수 있는 알고리즘을 개발했다. 이 기술은 사용자가 원하는 음악 스타일을 입력하면 그에 맞는 새로운 악곡 패턴을 제안하며, 창작자는 이를 기반으로 곡을 발전시킬 수 있다.

실제 활용 사례로는 프랑스 뮤지션 브누아 카레

(Benoit Carre, 예명 SKYGGE)가 플로 머신이 생성한 멜로디 패턴을 활용해 앨범을 제작한 경우가 있다. 또한 미국 밴드 야호트(YACHT)는 구글의 마젠타 프로젝트(Magenta Project)에서 제공하는 뮤직VAE(MusicVAE) 모델을 활용해 앨범을 공동 작곡했다. 밴드가 입력한 멜로디에 AI가 변주와 제안을 더하는 방식으로 창작 과정이 진행됐다(Breen et al., 2023).

국내에서도 AI가 작곡한 곡이 디지털 음원으로 정식 발매되는 사례가 등장하고 있다. 대표적으로 광주과학기술원(GIST) AI 대학원이 개발한 AI 작곡가 '이봄(EvoM)'은 신인가수 '소울'의 데뷔곡 작업에 참여해 멜로디와 반주를 만들었다. '이봄'이 탑재된 작곡 보조 시스템은 사용자의 간단한 입력이나 AI가 추천하는 코드를 바탕으로 멜로디와 반주를 생성한다. 덕분에 음악 이론 지식이 없는 사용자도 완성도 높은 곡을 만들 수 있다(박정연, 2022). 이처럼 AI 기술은 음악 분야에서 인간 작곡자의 창의성을 높이면서 동시에 새로운 스타일의 음악을 창작하는 데 중요한 역할을 하고 있다.

생성적 미술과 AI 아트

시각예술 분야에서도 AI는 새로운 예술 작품을 창작하

는 도구이자 매체로 활용되고 있다. 특히 '생성적 적대 신경망(GAN, Generative Adversarial Network)' 기술의 발전은 AI가 독립적으로 그림이나 이미지를 창작할 수 있게 만든다. 생성적 적대 신경망은 두 개의 신경망(생성자와 판별자)이 서로 경쟁하며 학습하는 방식으로, 현실에 존재하지 않는 이미지를 생성한다.

생성적 적대 신경망을 활용한 대표적인 사례로 2018년 프랑스 예술가 집단 '오비어스(Obvious)'가 제작한 〈에드몽 드 벨라미(Edmond de Belamy)〉를 꼽을 수 있다. 이 작품은 14~20세기 초상화 1만 5000여 점을 학습한 생성적 적대 신경망 알고리즘이 생성한 인물화로, 뉴욕 크리스티 경매에서 약 43만 2500달러에 낙찰됐다(Kinsella, 2018). 오비어스 팀은 가상의 귀족 '벨라미 가문'의 인물들을 창조해 예술 작품의 창작 주체에 대한 새로운 담론을 제시했다.

오픈AI(OpenAI)의 달리(DALL · E)나 미드저니(Midjourney)와 같은 텍스트-투-이미지 생성 모델(Text-To-Image Generation Model)의 등장은 일러스트레이션과 시각 디자인 분야에 혁신을 가져왔다. 달리 시리즈는 자연어 설명을 입력받아 이미지로 만들어 내는 생성형 AI로, 2021년 첫 발표 이후 지속적으로 발전하고 있다. 이와 유사한 미드저니 역시 딥러닝 기반의 텍스트-이미지 변환 모델로, 예술적 완성도가 높은 결과물로 명성을 얻고 있다.

2022년 미국 콜로라도 주립 박람회(Colorado State Fair) 미술대회 디지털 아트 부문(Digital Arts/Digitally-Manipulated Photography)에서는 미드저니로 생성한 작품 〈스페이스 오페라 극장(Theatre d'Opera Spatial)〉이 1위를 수상해 큰 논란이 되었다. 제이슨 앨런(Jason Allen)이 출품한 작품은, AI 생성물이라는 사실을 심사위원들이 모르는 상태에서 높은 예술적 평가를 받았다(Vincent, 2022). 이는 AI 생성 작품의 예술적 가치와 창작 주체의 자격에 대한 뜨거운 논의를 촉발했다.

AI 시인과 소설가의 등장

문학 창작 영역에서도 AI는 시인이나 소설가의 역할을 일부 수행하고 있다. 2010년대 이후 순환신경망(RNN, Recurrent Neural Network)이나 트랜스포머(Transformer)와 같은 자연어 생성 모델이 발전하면서, 창의적인 이야기까지 만들어 내는 AI가 등장했다. 2008년 러시아에서는 세계 최초로 AI가 쓴 소설이 출간되었으며, 2016년 일본에서는 AI가 쓴 단편소설이 권위 있는 '호시

신이치(星新一賞)문학상' 예심을 통과하기도 했다(동아사이언스, 2021).

최근 AI가 쓴 시를 인간의 작품으로 오해하는 경우가 늘고 있다. 실제로 브라이언 포터(Brian Porter)와 에두아르 마셰리(Edouard Machery)의 2024년 연구에서, 사람들은 오히려 AI가 쓴 시를 실제 인간이 작성한 시보다 '더 인간답다'고 평가하는 경향을 보였다. 연구진은 그 이유로 AI가 생성한 시가 더 직관적이고 접근하기 쉬운 언어를 사용하기 때문으로 분석했다.

이 연구에서는 AI가 작성한 시에 대한 인간의 인식을 다음과 같이 분석했다. 첫째, 인간의 편견이다. 저자가 AI임을 알렸을 때 평가 점수가 낮아졌지만, 정보가 없을 때는 오히려 더 높은 평가를 받기도 했다. 둘째, AI 창작물의 발전이다. 참가자들은 AI와 인간의 시를 절반의 확률로밖에 구분하지 못했으며, 이는 AI 시와 인간 시의 구분이 그만큼 어려워졌음을 보여준다. 셋째, AI 시가 인간 시보다 높은 예술성 점수를 받기도 했다. 참가자들은 AI 시를 '쉽고 감성적인 언어'로 평가했다. 이러한 결과들은 AI가 단순 모방을 넘어 독자와 효과적으로 소통하는 문학 작품을 창작하는 수준에 이르렀음을 시사한다.

오픈AI가 선보인 GPT 시리즈는 문학 창작에 새로운

가능성을 제시했다. 2020년 공개된 'GPT-3'는 대규모 텍스트 데이터를 학습한 언어 모델로, 1750억 개의 매개변수를 활용해 인간과 유사한 수준의 문장을 생성할 수 있다. 이 모델은 기본적인 산술 연산, 프로그래밍 코드(Programming Code) 작성, 언어 번역뿐만 아니라 인간이 쓴 것과 구별하기 어려운 산문 작성도 가능하다. 실제로 이러한 GPT-3의 능력을 활용해 단편소설이나 시를 창작하려는 실험이 활발히 진행되고 있다(이한선, 2022).

AI 시인과 소설가의 등장은 문학 창작에 새로운 가능성을 열고 있다. 물론 현재 AI가 인간 작가의 깊은 통찰과 감성까지 완전히 재현하기는 어렵다. 하지만 창작 아이디어를 제공하고, 초안을 작성하며, 반복적인 문장 생성을 돕는 등 유용한 '보조 도구'로서의 역할은 충분히 해내고 있다. 이러한 기술의 발전과 이면에는 해결해야 할 과제들이 있다. AI 창작물의 저작권, 독창성 판단 기준, 표절 검증의 어려움과 같은 윤리적 쟁점들이 끊임없이 제기되고 있다.

참고문헌

동아사이언스(2021.8.20). "AI가 쓴 국내 첫 장편소설 '지금부터의 세계'".
https://m.dongascience.com/news.php?idx=48844

박정연(2022.12.16). "AI가 만든 음원이 신인가수 데뷔곡… 낮 12시 첫 공식발매". 동아사이언스.
https://m.dongascience.com/news.php?idx=57605

이한선(2022.7.22). "소설 작가들도 AI 활용하기 시작했다". AI타임스.
https://www.aitimes.com/news/articleView.html?idxno=145929

Breen, N. et al.(2023.6.20). Music: AI-generated music and sound-alikes: Shaping the future of the music industry. Reed Smith.
https://www.reedsmith.com/en/perspectives/ai-in-entertainment-and-media/2023/06/music

Flow Machines. Augmenting Creativity with AI.
https://www.flow-machines.com

Kinsella, E.(2018.10.25). The First AI-Generated Portrait Ever Sold at Auction Shatters Expectations, Fetching $432,500-43 Times Its Estimate. Artnet News.
https://news.artnet.com/market/first-ever-artificial-intelligence-portrait-painting-sells-at-christies-1379902

NavTo.AI. Flow Machines.
https://www.navto.ai/flow-machines

Porter, B. & Machery, E.(2024). AI-generated poetry is indistinguishable from human-written poetry and is rated more favorably. Scientific Reports, 14, 26133.
https://doi.org/10.1038/s41598-024-76900-1

Vincent, J.(2016.9.26). This AI-written pop song is almost certainly a dire warning for humanity. The Verge.

https://www.theverge.com/2016/9/26/13055938/ai-pop-song-daddys-car-sony
Vincent, J.(2022.9.2). An AI-generated artwork's state fair victory fuels arguments over 'what art is'. The Verge. https://www.theverge.com/2022/9/1/23332684/ai-generated-artwork-wins-state-fair-competition-colorado

07
문화유산의 디지털화

디지털 기술은 문화유산을 어떻게 보존하고 활용할까? 3D 스캐닝, 가상현실, 메타버스 같은 첨단 기술은 문화유산을 정밀하게 기록하고 복원해, 전 세계 누구나 시공간 제약 없이 체험할 수 있게 한다. 루브르박물관, 국립중앙박물관, 콜로세움, 메타버스 '이어온'은 각각 유물, 건축, 공간을 중심으로 한 디지털 문화유산의 대표적인 모델을 보여 준다. 이들은 보존 비용을 절감하고 사회적, 교육적 가치를 만들어 내는 중요한 사례다.

AI와 윤동주?

디지털 문화유산의 개념

문화유산은 조상들로부터 물려받은 소중한 자산으로, 우리의 정체성과 뿌리를 이해하는 데 핵심 역할을 한다. 이러한 문화유산의 보존과 활용이 중요해지면서, 최근 문화예술 분야에서는 IT 정보기술을 접목한 문화기술(CT, Culture Technology)이 새로운 성장 동력 산업으로 주목받고 있다(송은지, 2018).

디지털 기술의 발전은 문화유산의 보존과 활용에 혁신적인 변화를 가져왔다. 3D 스캐닝(3D Scanning)과 메타버스 등 첨단 기술을 활용한 문화유산의 디지털화는 전통적인 문화재 접근과 체험 방식에 새로운 패러다임을 제시했다. 이는 단순한 디지털 활용을 넘어 이용자들이 가상공간에서 문화유산을 경험하고, 교육 및 연구 전반에 걸쳐 활용하는 '디지털 문화유산(Digital Cultural Heritage)'의 개념으로 확장되었다(국가유산청).

디지털 문화유산은 역사적, 문화적으로 가치 있는 유산을 디지털 기술로 기록하고 복원하는 것을 의미한다. 이를 통해 가상 환경에서 문화유산 체험과 교육적 활용이 가능해지면서 시공간적 제약 없이 누구나 다양한 문화유산에 접근할 수 있게 되었다. 디지털 문화유산은 물리적인 훼손이나 손실을 최소화하면서 원본 데이터를 효과적으로 보존할 수 있는 장점이 있다. 이는 문화유산의 보존을 넘어 문화재의 다각적 활용과 사회적 가치 창출 측면에서 중요한 의미를 지닌다(국립중앙박물관).

기존의 디지털 문화유산이 웹 기반 온라인 상호작용에 그쳤다면, 이제는 그 경험의 장이 관람객이 메타버스와 같은 몰입형 가상공간으로 확장됐다. 덕분에 관람객들은 박물관이나 문화유산 현장에서 훨씬 더 현실감 넘치는 전시를 체험할 수 있게 되었다.

디지털 문화유산은 그 특성에 따라 '유물 및 사물 중심형 디지털 문화재(Digital Artifact-Based Heritage)', '건축물 중심형 디지털 문화재(Digital Architectural Heritage)', '공간 중심형 디지털 문화재(Virtual Cultural Space-Based Heritage)'의 세 가지 유형으로 구분할 수 있다. 현재 유형별로 현장에서 다양한 혁신적 시도들이 활발히 이루어지고 있다(정지은, 2025).

유물 및 사물 중심형 디지털 문화재

'유물 및 사물 중심의 디지털 문화재'는 가상현실, 증강현실, 3D 모델링 등의 첨단 기술을 활용해 실물 유물을 디지털 환경에서 재현하는 방식을 의미한다. 이러한 디지털화는 원본 유물의 물리적 훼손을 방지하면서 교육 및 연구 현장에서의 활용도를 극대화한다. 디지털 전환은 문화재 보존과 공유에 혁신적 접근법을 제시하며, 문화재 접근성을 크게 확장하는 계기를 마련했다.

루브르박물관은 전 세계인 누구나 접근 가능한 디지털 플랫폼을 구축한 대표적 사례다. 루브르박물관은 코로나19 팬데믹으로 인한 장기 휴관 기간 동안 디지털 기술을 활용해 관람객과 소통하고자 가상현실 콘텐츠와 온라인 투어를 적극 도입했다.

루브르박물관은 약 48만 점에 이르는 방대한 소장품을 디지털화해 공식 웹사이트를 통해 무료로 공개했으며, 다양한 외국어 서비스를 제공함으로써 전 세계 관람객의 접근성을 높였다(Louvre Museum). 또한 360도 파노라마 뷰 기능으로 〈밀로의 비너스(Venus de Milo)〉, 〈모나리자(Mona Lisa)〉 등과 같은 세계적 명작을 생생하게 감상할 수 있도록 구현했다.

특히 '모나리자와 마주하다(En tete-a-tete avec la Joconde/ Mona Lisa: Beyond the Glass)' 프로젝트는 고해상도 디지털 스캐닝과 가상현실 기술을 결합해 관람객이 물리적 제약 없이 작품의 세밀한 부분까지 탐색할 수 있도록 했다(김혜진, 2022; 허유림, 2021). 이처럼 온라인 투어는 시공간의 제약을 뛰어넘어, 전 세계인 누구나 루브르박물관의 예술 작품을 감상할 수 있는 기회를 제공한다. 이는 '유물 및 사물 중심형' 디지털 문화재의 접근성을 높인 사례다.

국립중앙박물관은 한국의 문화유산을 디지털 기술과 융합해 관람객에게 혁신적인 전시 경험을 제공하고 있다. '금동불상 디지털 전시'는 관람객에게 몰입감 높은 문화재 체험을 선사하는 대표적인 사례로 평가받는다. 국립중앙박물관 2층의 '실감 영상실'에서는 터치스크린(Touchscreen) 인터페이스(Interface)를 통해 금동불상을 3D 입체 영상으로 관람할 수 있으며, 육안으로 식별하기 어려운 세밀한 제작 기법과 표면의 질감까지 정밀하게 관찰할 수 있도록 설계되었다(서울정보소통광장).

또한 '청자 가상현실' 체험은 디지털 실감 영상관을 통해 고려시대 청자의 제작 과정과 미적 가치를 생동감 있게 전달한다. '청자에 담긴 세상' 가상현실 콘텐츠는 관람객이 가상현실 헤드셋을 착용한 상태에서 고려청자의 섬세한 아름다움을 360도 전방위로 감상할 수 있도록 설계되었다. 국립중앙박물관의 디지털 전시와 가상현실 체험 프로그램은 전통문화를 현대적 기술과 융합한 사례로, 디지털 문화유산의 교육적, 문화적 가치를 극대화하고 있다.

건축물 중심형 디지털 문화재

'건축물 중심형 디지털 문화재'는 역사적 가치를 지닌 건축물을 디지털 기술로 가상 환경에서 복원하고 체험할 수 있도록 구현한 것이다. 이러한 접근법은 물리적인 복원이 어렵거나 불가능한 건축 문화재를 디지털 환경에서 재현함으로써 시공간적 제약을 극복하고 원형의 모습을 생생하게 경험할 수 있게 만든다.

고대 로마 제국의 대표적인 건축물인 '콜로세움(Colosseum)'은 건축물 중심형 디지털 문화재의 대표적인 사례로 꼽힌다. 서기 80년에 완공된 웅장한 원형 경기장은 약 5만 명 이상의 관중을 수용할 수 있었으며, 검투사 경기와 대규모 공공 행사가 펼쳐진 역사적인 장소였다. 그러나 콜로세움은 수 세기에 걸친 지진과 약탈로 크게 훼손되어, 현재는 원형의 일부만 남아 있다. 이 때문에 과거의 웅장함을 온전히 느끼기 어려운 실정이다.

이러한 한계를 극복하기 위해 개발된 '콜로세움 가상현실 디지털 투어'는 첨단 3D 기술을 활용해 고대 로마 시대의 원형 모습을 정밀하게 재현했다. 이 디지털 투어는 고해상도 3D 애니메이션 기술을 통해 콜로세움의 원래 건축 구조를 완벽하게 복원했다. 관람객들은 가상현실 헤드셋을 착용하고, 콜로세움의 다양한 공간을 마치 실제로 방문하는 것처럼 생생하게 체험할 수 있다. 예를 들어, 웅장한 아레나 바닥과 복잡한 지하 통로, 계층화된 관중석 등을 자유롭게 둘러보는 것이 가능하다(Ancient & Recent).

이 사례는 건축물 중심형 디지털 문화재가 단순히 시각적 감상에 그치지 않고, 건축물의 구조적 특징과 역사적 맥락을 심층적으로 이해할 수 있는 교육적 기회를 제공한다(Colosseum Tickets). 디지털 기술을 통한 복원은 역사적 건축물 원형을 경험할 수 있게 함으로써 문화유산 보존과 교육에 중요한 시사점을 제시한다.

공간 중심형 디지털 문화재

'공간 중심형 디지털 문화재'는 개별 유물이나 건물이 아닌, 역사·문화적 맥락을 품은 '공간 전체'를 가상으로 구현하는 방식이다. 이를 통해 관람객은 단편적인 감상을 넘어, 역사적 사건과 문화적 배경을 새로운 차원에서 체험할 수 있다(Champion, 2015; Forte, 2010).

한국 독립운동의 역사는 자주독립의 정신을 담은 중요한 문화유산으로, 최근 '공간 중심형 디지털 문화재'를 통해 그 의미를 효과적으로 계승하고 있다(독립기념관). 2023년 4월 국가보훈처가 공개한 메타버스 플랫폼 '이어

온'이 그 대표적인 사례다. 이 플랫폼은 사용자들이 대한민국 임시정부와 독립운동의 역사를 생생하게 체험할 수 있도록 설계되었다. 내부에는 '독립로', '가상기념관', '독립광장' 등 다양한 테마 공간이 마련되어 있다(김지헌, 2023; 나라사랑신문, 2023). 특히 아바타를 활용한 게임형 체험 공간은 관람객이 역사를 능동적으로 배우고, 다른 방문자와 실시간으로 소통하는 상호작용 환경을 제공한다.

'공간 중심형 디지털 문화재'는 단순한 정보 전달을 넘어선다. 이는 관람객이 역사적 맥락 속에서 사건과 인물을 직접 체험함으로써, 단순한 정보 전달을 넘어 역사 교육을 경험하게 한다. 특히 가상공간에서의 몰입형 체험은 디지털 네이티브 세대에게 역사의 중요성과 의미를 효과적으로 전달하는 혁신적인 교육 방법이 되고 있다.

참고문헌

국가유산청. https://www.khs.go.kr

국립중앙박물관. https://www.museum.go.kr

김지헌(2023.4.11). "임시정부 역사 메타버스로 만난다… 보훈처 '이어온' 공개". 연합뉴스. https://www.yna.co.kr/view/AKR20230411012500504

김혜진(2022.11.2). "VR로 루브르서 '모나리자' 감상하자".

무등일보.
https://www.mdilbo.com/detail/Sk5YK6/681596
나라사랑신문(2023.4.12). “임시정부 역사 메타버스로 체험한다”. https://www.narasarang.kr/news/articleView.html?idxno=10659
독립기념관. https://i815.or.kr
서울정보소통광장. https://opengov.seoul.go.kr
송은지(2018). “무형문화재 유형별 가상현실 적용 방법에 관한 연구”. 《한국정보통신학회논문지》, 22(11), 1489~1494쪽.
정지은(2025). “디지털 기술과 메타버스를 활용한 문화재의 보존 및 활용 사례연구”. 《문화산업연구》, 25(1), 315~325쪽.
허유림(2021.3.29). "루브르 박물관 소장품을 온라인으로 만나볼 수 있게 되었다". 아이즈매거진. https://www.eyesmag.com/posts/135444/the-louvre-puts-entire-art-collection-online
Ancient & Recent. https://www.ancientandrecent.com
Champion, E.(2015). *Critical Gaming: Interactive History and Virtual Heritage*. Routledge.
Colosseum Tickets. colosseum-tickets.com
Forte, M.(2010). Cyber-Archaeology: An Eco-approach to the Virtual Reconstruction of the Past. *International Archives of the Photogrammetry, Remote Sensing and Spatial Information Sciences, 38*(5), pp.340~346.
Louvre Museum. Online tours – Enjoy the Louvre at home!. https://www.louvre.fr/en/online-tours

08
메타버스와 AI의 융합

메타버스와 AI의 융합은 예술의 생성, 전시, 향유 방식을 재정의하고 있다. AI는 실시간으로 가상 환경과 캐릭터를 만들고, 관객의 움직임과 취향에 반응해 맞춤형 콘텐츠를 제공한다. 그 결과, 관객은 작품의 일부가 되어 몰입하고 참여하는 인터랙티브 예술을 경험하게 된다. 이는 곧 예술의 경계를 허무는 새로운 디지털 생태계를 형성한다.

AI와 한의학?

메타버스 속 AI 생성 환경과 캐릭터

메타버스는 가상현실이나 증강현실로 구현된 디지털 세계이며, 이 안에서 AI는 핵심 매개자 역할을 한다. 특히 실시간으로 가상 환경과 캐릭터를 만들고 변화시키는 AI 기술 덕분에, 메타버스는 이전보다 훨씬 역동적이고 살아 숨 쉬는 공간으로 진화하고 있다.

일본의 디지털 아트 그룹 팀랩은 AI와 관객의 상호작용을 극대화한 몰입형 전시로 유명하다. 이들의 전시는 '보디 이머시브(Body Immersive)'라는 개념을 바탕으로, 관람객의 신체와 작품의 경계를 허물고 스스로 작품의 일부가 되는 경험을 제공한다. 2018년 도쿄에서 개관한 '팀랩 플래닛츠(teamLab Planets Tokyo)'가 대표적인 예다. 이곳의 전시 '떨어지는 꽃들의 우주에 떠다니기(Floating in the Falling Universe of Flowers)'는 AI 시스템이 관람객의 움직임을 실시간으로 감지해 꽃의 생장과 변화를 컴퓨터로 렌더링한다. 따라서 이 작품은 사전에 녹화된 영상이 아니라 관객과의 상호작용을 통해 매 순간 새롭게 태어나며, 같은 모습을 반복하지 않는다(Senda, 2018). 전시장에 설치된 모션 센서(Motion Sensor)가 관람객의 움직임을 포착하면, AI는 즉각적으로 반응해 빛과 영상으로 이루어진 디지털 환경을 재구성한다. 예를 들어, 관람객이 벽면을 향해 손을 뻗으면 그 손짓에 따라 디지털 꽃들이 흩어졌다 다시 모이는 장면이 연출된다. 이러한 상호작용은 머신러닝 알고리즘(Machine Learning Algorithm)을 통해 구현된다(Young, 2024).

NPC(Non-Player Character)는 이용자가 직접 조정하지 않는 메타버스 속 캐릭터들을 의미한다. 이러한 NPC의 진화 역시 AI 기술과 긴밀하게 맞물려 있다. 과거에는 NPC가 정해진 대사와 행동을 반복하는 단순한 프로그램에 그쳤다면, 최근의 AI 기반 NPC는 사람과 자연스럽게 대화하고 상황에 맞춰 상호작용하며 스스로 이야기를 만들어 간다.

글로벌 테크(Global Tech) 기업뿐만 아니라 국내에서도 이러한 흐름에 맞춰 다양한 시도가 이루어졌다. SK텔레콤은 자체 AI 챗봇인 '에이닷(A.)'과 메타버스 플랫폼 '이프랜드'를 결합한 '아이버스(AI+Universe)'를 시범 공개하며, 생성형 AI와 메타버스 플랫폼을 융합했다.

2023년 스탠퍼드대학교(Stanford University)와 구글 연구팀은 챗GPT를 활용해 자율적으로 상호작용하는 'AI 에이전트 마을'을 선보였다. 이 가상 마을의 AI 캐릭터들은 마치 사람처럼 일상적인 대화를 나누고, 기념일을 계획하며, 각자의 역할을 자발적으로 수행한다(강소현, 2023). 이는 메타버스 내에서 AI가 인간과 같은 사회적 관계를 형성할 수 있다는 가능성을 보여 준 획기적인 사례로 평가받는다.

관객 맞춤형 AI의 진화

메타버스와 AI의 융합은 관객 개개인을 위한 맞춤형 예술 경험을 제공한다. 메타버스는 관객의 취향과 행동 패턴 데이터를 쉽게 수집할 수 있는 환경을 제공한다. AI는 바로 이 데이터를 기반으로 개인화된 콘텐츠를 생성하며, '퍼스널라이즈드 아트(Personalized Art)'의 가능성을 무한히 넓히고 있다.

전통 공연예술이 일방향적 소통 구조였다면, AI 기반 공연예술은 관객의 반응에 따라 실시간으로 변화하는 쌍방향적 특징을 가진다. AI 알고리즘이 관객의 반응을 즉각 분석해 공연 내용을 바꾸는 '동적 개인화(Dynamic Personalisation)'를 통해, 관객의 몰입도를 높이고 맞춤형 경험을 제공하는 것이다. 2023년 영국 바비칸센터(Barbican Centre)의 'AI DJ 프로젝트(AI DJ Project)'가 대표적인 예다. 이 공연에서 AI는 관객의 움직임과 표정을 실시간으로 분석해, 현장 분위기에 맞는 음악을 즉흥적으로 선곡하고 믹싱(Mixing)하며 큰 주목을 받았다(Elkin, 2023).

AI는 공연의 서사 구조까지 바꾸어 놓았다. '자연 기계 중심으로의 여정(Journey to the Center of the Natural Machine)' 공연에서 관객은 스마트폰으로 스토리 전개를 위해 실시간 투표를 하고, AI는 그 결과에 따라 이야기의 흐름을 바꾼다. 이를 통해 관객은 단순한 수용자를 넘어, 이야기의 향방을 결정하는 공동 창작자가 된다(Elkin, 2023).

영국 로열셰익스피어컴퍼니(Royal Shakespeare Company)가 2016년 선보인 '템페스트(The Tempest)'는 라이브 공연과 디지털 기술의 창의적 결합으로 화제를 모았다. 이 공연에서는 모션 캡처 기술과 언리얼 엔진(Unreal Engine)을 활용해 3D 홀로그램 형태의 디지털 캐릭터 아리엘(Ariel)을 무대 위에 구현했다. 이 공연은 실제 배우의 움직임을 실시간으로 캡처해, 그 모습을 디지털 캐릭터에 투사하는 방식으로 이루어졌다. 이를 통해 살아있는 배우와 가상의 디지털 캐릭터가 무대 위에서 자연스럽게 상호작용하는 새로운 형태의 공연예술을 선보였다(Kayser, 2016).

이러한 시도는 전통 연극의 경계를 넘어, 디지털 아트

와 라이브 퍼포먼스(Live Performance)를 융합하는 새로운 예술적 가능성을 열었다.

몰입형 인터랙티브 예술의 확장

AI와 메타버스의 결합은 예술 표현의 경계를 허물고, 현실과 가상이 융합된 새로운 차원의 예술 경험을 만든다. 대표적인 메타버스 플랫폼 디센트럴랜드는 매년 '메타버스 아트 위크(Metaverse Art Week)'를 개최하며 전 세계 디지털 아티스트들이 참여하는 인터랙티브 설치미술과 디지털 작품 전시를 진행하고 있다. 2024년 제5회 아트 위크에서는 몰입형 인터랙티브 작품 32점이 공개되었으며, 관람객이 가상현실 속 작품에 물리적으로 개입할 수 있도록 설계되었다(Lorepunk, 2024).

특히 주목할 만한 작품은 2022년 아트 위크에서 공개된 '아트 플라자(Art Plaza)'다. 이 작품은 중력을 거스르는 초현실적 야외 조각 정원의 모습을 하고 있어, 관객들에게 뜨거운 호응을 얻었다. 이 작품이 특별한 이유는 관객이 직접 작품에 개입하는 참여형 예술을 구현했기 때문이다. 관람객들은 가상현실 속에서 거대한 설치미술 작품의 내부를 자유롭게 탐험할 수 있다(Lorepunk, 2024).

인터랙티브 미디어 아트(Interactive Media Art) 분야에서는 관객의 생체 및 행동 데이터를 실시간으로 입력받아 AI가 영상과 음향을 생성함으로써 관객을 작품의 일부로 만드는 기술적 시도들이 이루어지고 있다. 팀랩의 '하늘에서 흩뿌리는 불티의 우주(Universe of Fire Particles Falling from the Sky)' 작품은 관람객의 움직임에 따라 불꽃 입자들이 역동적으로 흩어지고 변형되는 분산형 미디어 아트를 구현한다. 더욱 흥미로운 점은 관객들이 이러한 경험을 개인 스마트폰 앱을 통해 저장하거나 소셜 미디어(Social Media)를 통해 타인과 공유할 수 있다는 것이다(Young, 2024). 이는 관객이 직접 작품을 변화시키고 일부를 소유하게 함으로써, 예술에 참여하는 새로운 방식을 선도하고 있다.

메타버스와 AI의 융합은 예술의 창작, 전시, 향유 방식에 패러다임 전환을 가져오고 있다. 이제 관객은 단순한 수동적 감상자에 머무르지 않고, 예술의 일부가 되어 새로운 차원의 상호작용을 경험한다.

앞으로 메타버스와 AI 기술은 예술의 경계를 확장하며, 더 넓은 관객 참여와 혁신적인 창작의 기회를 끊임없이 만들어 갈 것이다.

참고문헌

강소현(2023.5.31). "'후발주자' KT의 생성형AI+메타버스… "NPC가 이벤트도 스스로 계획"". 디지털데일리. https://m.ddaily.co.kr/page/view/2023053116095987285

Elkin, S.(2023.6.2). AI and the Evolution of Audience Engagement in Performing Arts. Medium. https://suzanneelkin.medium.com/ai-and-the-evolution-of-audience-engagement-in-performing-arts-6fdd3c3ab177

Kayser, D.(2016.11.18). Unreal Engine brings virtual character to life onstage in The Royal Shakespeare Company's The Tempest. Unreal Engine Blog. https://www.unrealengine.com/en-US/blog/unreal-engine-brings-virtual-character-to-life-onstage-in-the-royal-shakespeare-companys-the-tempest

Lorepunk(2024.3.19). Exclusive: Decentraland Art Week sets creators free from constraints. nft now. https://nftnow.com/art/exclusive-decentraland-art-week-sets-creators-free-from-constraints

Senda, S.(2018.7.6). teamlab planets tokyo: a 'body immersive' exhibition of all-encompassing digital art. designboom. https://www.designboom.com/art/teamlab-planets-tokyo-body-immersive-07-06-2018

Young, N.(2024.10.3). Immersive artistry: Exploring teamLab Planets in Tokyo. Bokksu. https://www.bokksu.com/blogs/news/immersive-artistry-exploring-teamlab-planets-in-tokyo

09
디지털 문화예술의 윤리

디지털 기술과 메타버스가 문화예술 시장에 새로운 기회를 연 동시에, 그 이면에서는 여러 윤리적 문제도 부상했다. 특히 NFT 거래가 확산되면서 저작권과 지식재산권 관련 분쟁들이 발생했다. 현재 디지털 문화예술 분야의 대표적 윤리 이슈로 'NFT 거래에 따른 지식재산권 분쟁', 'AI 창작물의 저작권 딜레마', '디지털 예술 경제가 안고 있는 시장 조작 및 환경 부담' 등을 꼽을 수 있다.

AI와 화장품?

디지털 예술 경제의 혁명적 변화

메타버스와 AI 환경의 발전은 예술 생태계의 경제 구조를 근본적으로 바꾸었다. 가치를 인정받기 어려웠던 디지털 창작물이, 이제는 그 자체로 새로운 수익 모델이 된 것이다. 특히 NFT가 블록체인 기술로 디지털 작품의 소유권을 보증하면서, 디지털 예술 시장은 폭발적으로 성장했다.

이러한 변화는 세계적인 경매회사들의 행보에서 뚜렷하게 나타난다. 소더비와 크리스티 같은 전통적인 경매회사들이 앞다투어 메타버스에 가상 갤러리를 열고, 디지털 전환에 박차를 가하고 있다. 가장 주목할 만한 현상은 새로운 구매층의 유입이다. 2021년 크리스티의 NFT 경매에서는 참여자의 72%가, 소더비에서는 80% 이상이 신규 고객이었다(이민하, 2022). 이는 기존 미술 시장과는 완전히 다른, 새로운 세대의 구매층이 등장했음을 의미한다.

메타버스 환경에서 나타난 또 다른 혁신은 '가상 부동산의 자산화'다. '디센트럴랜드(Decentraland)'와 같은 가상세계에서는 디지털 토지가 NFT 형태로 거래되는데, 인기 있는 위치의 부지는 실제 부동산 못지않은 가치를 지니게 되었다. 실제로 2021년 디센트럴랜드의 가상 토지 한 구획이 약 243만 달러(약 29억 원)라는 기록적인 금액에 거래되기도 했다. 이는 가상 부동산 시장의 엄청난 잠재력을 보여 준다(Howcroft, 2021).

기업과 투자자들은 가상 토지에 미술관, 공연장, 쇼핑몰 같은 문화시설을 지어 미래 고객을 선점하려는 전략을 펼치고 있다. 이는 시공간 제약 없이 디지털 공간을 소유하고 활용하는 새로운 경제 모델의 등장을 의미한다. 하지만 이러한 전망 이면에는 해결해야 할 심각한 윤리적 과제들이 있다. 저작권과 지식재산권 문제부터 환경 문제, 시장 조작, 사기 범죄에 이르기까지 다양한 쟁점들이 끊임없이 제기되고 있다.

NFT가 디지털 작품의 진위와 소유권을 증명하는 혁신적 기술로 주목받고 있지만, 디지털 파일의 복제 가능성으로 인한 도용 위험은 여전히 존재한다. 세계 최대 NFT 마켓플레이스인 오픈시(OpenSea)는 자사 플랫폼에서 무료로 발행된 NFT의 상당수가 도용한 작품이거나, 스팸(Spam)으로 판명되었다고 발표했다(Howcroft, 2022). 이처럼 디지털 환경에서의 무단 복제와 위작은 심각한 윤리적 문제로 대두되고 있다. 메타버스 공연 역시 윤리적 문제에서 자유롭지 않다. 실제 아티스트의 저작권이나 초상권 침해, 관객 아바타의 부적절한 행동, 가상공간 내 성희롱에 이르기까지 다양한 문제들이 발생하고 있다. 이를 해결하기 위한 디지털 공간의 윤리 규범 마련이 시급하다.

AI 창작물의 저작권 딜레마

AI가 만든 창작물이 세계적인 주목을 받으면서, 창작자의 정의와 저작권을 둘러싼 근본적인 질문이 제기되고 있다. 특히 인간의 개입 없이 AI가 단독으로 생성한 작품에 대한 저작권을 인정할 수 있느냐가 핵심 쟁점이다. 2023년 워싱턴 D.C. 연방 지방 법원은 '인간의 창작 행위'가 저작권의 기본 요건임을 강조하며, AI 단독 창작물은 저작권으로 보호할 수 없다고 판결했다. 이후 2025년 미국 연방항소법원(United States Court of Appeals for the District of Columbia Circuit, D.C. Circuit)이 이 결정을 최종 확정했다(Brittain, 2025).

한국의 경우, 2023년 문화체육관광부가 발표한 '생성형 AI 저작권 안내서'에서는 저작권의 핵심 기준으로 '인간의 창의적 개입'임을 강조한다. 인간이 아이디어를 구상하고 명령어(Prompt)만 입력한 경우에 저작권은 부여되지 않는다. 다만 인간이 AI 생성물을 소재로 삼아 상당한 수정과 배열 등 창작 과정을 거쳤다면, 그 독창적인 부분에 한해 '편집저작물'로 제한적 보호를 받을 수 있다(송경은 · 이상덕, 2023; 문화체육관광부 · 한국저작권위원회, 2023). 즉 현행 국내 저작권법의 해석에 따르면 AI가 스스로 생성한 시, 소설, 그림 등은 원칙적으로 저작권을 인정받을 수 없다. 사람과 AI가 협업해 작품을 만들었더라도, 인간이 직접 창작에 기여한 부분에 한해서만 제한적으로 저작권이 인정된다.

더 복잡한 문제는 AI 모델의 '학습 데이터'를 둘러싼 저작권 논쟁에서 발생한다. 생성형 AI를 훈련하기 위해 웹상의 방대한 텍스트와 이미지를 수집하는 행위가 저작권 침해에 해당하는지가 바로 그 핵심이다.

게티이미지(Getty Images) 소송이 대표적인 사례다. 세계적인 스톡 이미지(Stock Image) 제공 업체인 게티이미지는 2023년, AI 개발사 '스태빌리티 AI(Stability AI)'를 상대로 소송을 제기했다. 게티이미지는 스태빌리티 AI가 자사의 저작권이 있는 사진들을 데이터의 자동 추출 기술인 '스크래핑(Scraping)' 방식으로 무단 수집했다고 주장한다. 그리고 이 데이터를 이미지 생성 AI '스테이블 디퓨전(Stable Diffusion)'의 훈련에 사용한 것을 저작권 침해로 지적했다. 즉 스태빌리티 AI가 게티이미지의 동의나 라이선스(License) 없이 웹사이트에서 이미지와 캡션, 메타데이터(Metadata) 등을 대량으로 추출해 자사 AI 모델의 학습 데이터로 사용했다는 것이 소송의 핵심이다. 이 소송은 AI 기업의 무단 데이터 수집 관행에 대한 법적 쟁점을 다루는 동시에, 향후 생성형 AI 개발에서 저작권자의 권리 보호의 기준을 세울 중요한 사례로 주목받고 있다(Brittain, 2023; Pannone, 2025).

게티이미지 소송과 함께, 여러 유명 일러스트레이터도 AI 기업을 상대로 집단 소송을 제기했다. 이들의 핵심 주장은 AI 모델의 학습 단계가 저작물의 무단 복제에 해당한다는 것이다. 즉 자신들의 작품을 허가 없이 AI 학습 데이터로 활용했다는 점을 문제 삼고 있다. 이러한 법적 공방은 AI 시대의 저작권 문제가 얼마나 복잡한지 보여준다. 결국 인간 창작자의 권리 보호와 기술 혁신 사이에서 균형점을 찾는 것은, 우리 시대가 직면한 가장 어려운 윤리적 과제 중 하나다.

NFT 예술 거래와 지식재산권 분쟁

NFT는 블록체인 기술을 활용해 디지털 작품에 고유한 토큰을 발행함으로써 소유권을 인증하는 혁신적 방식이다. 2021년을 전후로 디지털 아트 NFT 경매가 증가했지만, 동시에 지식재산권 관련 분쟁도 급증하고 있다.

NFT 거래에서 가장 큰 오해는, 토큰을 구매하면 해당 작품의 저작권이나 상업적 사용권까지 자동으로 얻는다고 생각하는 것이다. 그러나 NFT는 해당 디지털 자산의 소유권을 블록체인상에서 증명하는 역할을 할 뿐, 저작권이나 사용권을 자동으로 이전하지 않는다. 실제 디지털 이미지나 영상 등 콘텐츠에 대한 저작권은 별도의 명시적 합의가 없는 한 원저작자에게 그대로 남아 있다. 현실 세계에서 고가의 미술 작품 원화를 구매해도 그 그림을 복제하거나 상업적으로 이용할 권리까지 얻는 것은 아니다. NFT도 마찬가지로 디지털 작품의 소유권 증명서를 가지고 있다고 해서 그 작품을 마음대로 활용할 수 있는 것은 아니다(Chinlund & Gordon, 2021).

더 심각한 문제는 무단 NFT 발행이다. 디지털 작품을 블록체인에 등록하는 민팅(Minting) 행위 자체가 원저작물의 복제 또는 2차적 저작물 작성에 해당할 수 있다. 따라서 저작권자의 허락 없이 NFT를 발행하는 것은 저작권 침해다.

이와 관련된 대표적인 사례가 2021년 6월 한국에서 발생했다. 한국 근현대 미술의 거장인 이중섭, 박수근, 김환기의 작품을 NFT로 제작해 경매에 출품하려던 시도가 있었으나, 이에 대한 진위 및 저작권 논란으로 중단되었다. 당시 이중섭의 〈황소〉, 박수근의 〈두 아이와 두 엄마〉, 김환기의 전면점화 〈무제〉 등 대표작을 실물 스캔을 통해 디지털 파일로 변환하여 NFT로 제작했다.

주최 측은 22개국에 동시 온라인 경매로 판매할 계획이었으나, 박수근 유족과 환기미술관 측의 강력한 반발로 경매는 중단되었다. 이 사례는 작품 이미지를 상업적으로 활용하기 위해서 실물 소유권자뿐 아니라 저작권자의 동의도 필요하다는 것을 보여 준다(정상혁, 2021).

NFT 기술은 디지털 문화예술의 가능성을 크게 확장했지만, 그 발전 속도에 비해 법적, 윤리적 규범의 정립은 더딘 상황이다. 'NFT를 사면 저작권도 갖는다'는 오해를 바로잡고, 무단 발행과 같은 문제를 해결할 제도적 장치를 마련하는 것이 시급한 과제다. 궁극적으로 디지털 문화예술의 윤리는 무조건적인 규제가 아닌, '창작자의 권리 보호'와 '기술 혁신'이라는 두 가치가 상생할 수 있는 균형점을 찾아야 할 것이다. 이는 우리가 함께 고민하고 해결해야 할 시대적 과제다.

참고문헌

문화체육관광부·한국저작권위원회(2023). "생성형 AI 저작권 안내서".

https://www.copyright.or.kr/information-materials/publication/research-report/view.do?brdctsno=52591#

문화체육관광부(2023.12.27). “인공지능(AI) – 저작권 안내서 발표로 시장의 불확실성 해소하고, 안무·건축 등 ‘저작권 사각지대’ 없앤다”.
https://www.mcst.go.kr/kor/s_notice/press/pressView.jsp?pSeq=20743

민병무(2022.4.8). “서울시향 유튜브는 ‘클래식 보물창고’… ‘디지털 콘서트홀’ 프로젝트 시작”. 데일리한국.
https://daily.hankooki.com/news/articleView.html?idxno=810357

송경은·이상덕(2023.12.18). “AI가 만든 그림·소설 저작권 불인정… 저작권 등록규정에 명시”. 미라클아이.
https://www.mk.co.kr/news/it/10901441

이민하(2022). “메타버스와 미술: 영역 확장과 새로운 관계 형성”. 《한국예술연구》, 37, 5~26쪽.

정상혁(2021.6.3). “저작권 침해 논란… NFT 경매 중단키로”. 조선일보.
https://www.chosun.com/culture-life/art-gallery/2021/06/03/IJDJAA6SHBALRFEKBYT6QDJPAY

Brittain, B.(2025.3.19). US appeals court rejects copyrights for AI-generated art lacking ‘human’ creator. Reuters.
https://www.reuters.com/world/us/us-appeals-court-rejects-copyrights-ai-generated-art-lacking-human-creator-2025-03-18

Brittain, B.(2023.2.7). Getty Images lawsuit says Stability AI misused photos to train AI. Reuters.
https://www.reuters.com/legal/getty-images-lawsuit-says-stability-ai-misused-photos-train-ai-2023-02-06

Chinlund, G. & Gordon, K.(2021.10.30). What are the copyright implications of NFTs?. Reuters. https://www.reuters.com/legal/transactional/what-are-copyright-implications-nfts-2021-10-29

Howcroft, E.(2022.2.13). Marketplace suspends most NFT sales, citing 'rampant' fakes and plagiarism. Reuters. https://www.reuters.com/business/finance/nft-marketplace-shuts-citing-rampant-fakes-plagiarism-problem-2022-02-11

Howcroft, E.(2021.11.25). Virtual real estate plot sells for record $2.4 million. Reuters. https://www.reuters.com/markets/currencies/virtual-real-estate-plot-sells-record-24-million-2021-11-23

Pannone, A.(2025.6.9). Getty Images vs. Stability AI: the legal battle that could redefine the future of artificial intelligence. The Independent. The Cryptonomist. https://en.cryptonomist.ch/2025/06/09/getty-images-vs-stability-ai-the-legal-battle-that-could-redefine-the-future-of-artificial-intelligence

10
디지털 시대 문화예술의 미래

디지털 혁신은 예술 창작과 향유의 패러다임을 근본적으로 변화시켰다. AI와 메타버스는 단순한 창작 도구를 넘어 독립적인 창작 주체로 진화했고, 문화유산 보존에 새로운 가능성을 열었다. 하이브리드 형식이 '뉴노멀'로 자리 잡은 현재, 생성형 AI와 메타버스의 융합, 양자 컴퓨팅의 등장은 예술의 무한한 확장을 예고한다. 결국 디지털 시대 문화예술의 미래는 기술과 인간, 혁신과 전통이 공존하는 새로운 생태계 구축에 있다.

종교와 AI?

디지털 기술이 이끄는 문화예술의 혁신

디지털 혁신은 예술의 창작과 향유 패러다임을 근본적으로 바꾸었다. 특히 코로나19 팬데믹을 거치며 AI와 메타버스가 일상화한 것은, 단순한 기술 도입을 넘어 문화예술계 전반의 구조적 변화를 이끌었다. 이제 문화예술 단체와 예술가, 기술 개발사가 함께 만나는 새로운 협업의 장이 열리고 있으며, 우리는 이를 통해 디지털 시대의 사회문화적 현상을 목격하는 중이다(하은, 2025).

2022년 영국예술위원회(Arts Council England)는 《창의적 미래(A Creative Future)》 보고서를 통해, 문화예술 분야의 혁신을 이끌 핵심 기술들에 대해 언급했다. 여기에는 AI, 5G 통신, 가상 및 증강현실, 그리고 메타버스를 포함한 웹 3.0 기술이 포함된다. 이 보고서에 따르면, 메타버스는 현실과 가상이 융합된 예술 환경을 만들어 인간과 AI가 공존하는 새로운 문화 공간을 만들어 낸다. 또한 AI는 단순한 창작 도구를 넘어 독립적인 창작 주체로도 활용되며, 예술 문화의 제작, 유통, 소비 전반에서 그 중요성이 커지고 있다. 물론 AI의 확산에 따라 지식재산권과 같은 새로운 쟁점들도 부상하고 있다(Arts Council England, 2022).

이러한 기술은 이제 인간 예술가의 창작 행위에 협업

자로 참여하는 수준을 넘어, 독자적으로 작품을 생성하는 단계까지 발전했다. 2018년 크리스티 경매에서 AI 알고리즘이 그린 회화 작품 〈에드몽 드 벨라미(Edmond de Belamy)〉가 약 43만 2500달러(약 5억 원)에 낙찰된 사건은 예술계에 큰 반향을 일으켰다. 이는 알고리즘이 창작한 작품도 예술 시장에서 가치를 인정받을 수 있음을 보여 준 상징적 사건이었다(Quackenbush, 2018).

한국에서도 디지털 자산 기술을 활용한 문화유산 보존의 새로운 시도가 주목받고 있다. 간송미술문화재단은 2021년 국보 제70호 훈민정음 해례본을 NFT로 100개 발행해 개당 약 1억 원에 완판했다. 이는 단순한 기금 조성을 넘어 젊은 세대와의 새로운 소통 기회를 만들어 문화유산 보존의 지속가능성을 높였다는 평가를 받는다(하은, 2025).

디지털 기술은 박물관과 공연장 운영에도 혁신을 가져왔다. 루브르 박물관은 2021년부터 가상현실 투어를 제공해 전 세계 어디서나 작품을 감상할 수 있게 했다(Louvre Museum). 메트로폴리탄 오페라는 라이브 스트리밍 서비스를 통해 공연의 지리적 제약을 극복했다(Fathom Entertainment). 이러한 변화는 문화예술의 접근성을 획기적으로 높이는 동시에 새로운 수익 모델을 창출하고 있다.

AI와 블록체인 기술의 융합은 예술 창작의 경계와 의미를 새롭게 정의하고 있다. 예술가들은 AI를 활용해 이전에는 상상할 수 없었던 작품을 창작하고, 블록체인을 통해 작품의 진위와 소유권을 증명한다. 이러한 기술적 혁신은 예술 현장에서 무한한 가능성과 동시에 깊은 우려를 낳고 있다(UNESCO, 2023).

디지털 문화예술 시대의 도전과 과제

디지털 기술의 급속한 발전은 문화예술 분야에 새로운 도전 과제를 제시하고 있다. 2023년 10월 유네스코는 '최전선의 영화 산업(Film Sector on the Frontlines)' 토론회를 개최했다. 전 세계 영화계와 AI 전문가들이 모여 문화예술 분야에서 AI가 제기하는 도전과 기회에 대해 다양한 관점에서 논의했다(UNESCO, 2023).

참가자들은 AI의 창조적 잠재력을 인정하면서도 몇 가지 중요한 원칙을 강조했다. 첫째, '정보에 입각한 동의'다. AI 학습에 사용되는 기존 작품들에 대해 저작권자의 명확한 동의가 선행되어야 한다. 둘째, '투명성'이다. AI가 어떤 데이터를 학습하고 어떤 과정을 거쳐 작품을 생성했는지 명확히 공개해야 한다. 셋째, '포용성'과 '다양성'이다. AI 시스템이 특정 문화나 집단에 편향되지 않도록 주의해야 한다(UNESCO, 2023).

유네스코는 2021년 'AI 윤리 권고안(The Recommendation on the Ethics of Artificial Intelligence)'을 제정해, AI 기술의 윤리적 활용을 위한 국제 표준을 수립했다. 이어서 2022년 '몬디아컬트 선언'을 통해 디지털 플랫폼 규제 원칙과 문화적 다양성 보호를 위한 글로벌 전문가 그룹을 구성했다(UNESCO, 2023).

한국도 이러한 국제적 흐름에 발맞춰 대응하고 있다. 과학기술정보통신부는 2023년 9월 '디지털 권리장전'을 발표했다. 본 내용을 살펴보면, 디지털 혁신의 혜택을 공정하게 나누며, 윤리적이고 지속 가능한 디지털 생태계의 방향성을 제시한다(윤성욱 외, 2023). '디지털 권리장전'은 다음과 같은 핵심 원칙을 담고 있다. 첫째, '디지털 접근권'의 보장이다. 모든 국민이 디지털 기술의 혜택을 누릴 수 있도록 디지털 격차를 해소해야 한다. 둘째, '개인정보와 프라이버시 보호'다. 디지털 환경에서도 개인의 기본권이 침해되지 않도록 보호 장치를 마련해야 한다. 셋째, 'AI와 알고리즘의 공정성'이다. AI 시스템이 차별이나 편견을 재생산하지 않도록 지속적인 감시와 개선이 필요하다.

2025년 발표한 한국문화관광연구원의 《문화예술 트렌드 분석 및 전망 2025~2027》 보고서에서는 '윤리 없이 스며든 디지털과 AI'를 향후 3년간 가장 주목해야 할 문화예술 트렌드 중 하나로 꼽았다. 이는 기술 발전 속도가 윤리적 논의를 앞서는 것에 대한 지적을 담고 있다. 예술 창작에서 AI의 역할이 확대되는 만큼, 그 책임과 규범을 정립하는 일이 중요해졌음을 의미한다(노수경 외, 2024).

문화예술의 디지털 미래를 향한 전망

코로나19 팬데믹을 거치며 등장한 온 · 오프라인 융합의 문화예술 활동은 이제 '뉴노멀', 즉 새로운 표준이 되었다. 뉴노멀은 시대 변화에 따라 새롭게 떠오르는 표준을 의미한다. 초기에는 팬데믹으로 인해 불가피한 선택이었지만, 현재는 온라인과 오프라인의 장점을 결합한 '하이브리드' 방식이 하나의 새로운 전략으로 완전히 자리 잡았다(Exhibitor Online, 2022).

단기적으로 공연 · 전시 등 모든 문화예술 분야에서 '하이브리드' 방식이 더욱 확산할 전망이다. 예를 들어, 국립중앙박물관은 실제 전시와 가상 전시를 동시에 운영하며 관람객에게 선택권을 제공한다(국립중앙박물관). 서울시립교향악단 역시 공연장 관객과 온라인 시청자를 위한 별도의 콘텐츠를 개발해, 새로운 수익 모델을 창출하고 있다(민병무, 2022).

문화예술 지원기관들 역시 디지털 전환에 맞춘 정책을 적극적으로 펼치고 있다. 한국문화예술위원회는 디지털 예술 창작 지원 사업을 대폭 확대했으며, 서울문화재단은 메타버스 공연장 구축을 지원하고 있다(서울문화포털, 2022; 한국문화예술위원회, 2020). 이러한 움직임은 단순히 기술을 도입하는 차원을 넘어, 예술의 생산-유통-소비 전반에 걸친 '가치사슬의 재편'을 의미한다(이용관 외, 2021).

중기적으로는 생성형 AI와 메타버스의 융합이 주목받고 있다. 이승환(2023)의 보고서에서 생성형 AI가 메타버스 생태계의 핵심 엔진 역할을 할 것으로 전망했다. AI 기반 메타버스 캐릭터들은 이제 사용자와 자연스럽게 대화하고, 그 과정에서 스스로 학습한다. 이러한 상호작용 덕분에, 메타버스는 고정된 콘텐츠의 집합에서 사용자와 함께 끊임없이 진화하는 유기체적 공간으로 발전하고 있다.

장기적으로 양자 컴퓨팅이 예술 창작과 소비에 혁명적 변화를 가져올 것으로 예상된다. 양자 컴퓨팅의 병렬

연산 능력은 지금까지 불가능하던 수준의 예술 창작을 가능하게 만들 수 있다. 복잡한 음악 작곡, 초고해상도 3D 렌더링, 그리고 상상을 초월하는 규모의 알고리즘 예술이 실현될 것으로 전망된다(Anitua Valluerca). IBM과 구글이 경쟁적으로 개발하고 있는 양자 컴퓨터는 이미 특정 분야에서 기존 슈퍼컴퓨터를 능가하는 성능을 보여주고 있다. 이러한 기술이 예술 분야에 본격적으로 적용되면, 인간의 감각과 지성의 한계를 뛰어넘는 새로운 형태의 예술이 탄생할 것으로 기대된다(Chen, 2022).

그러나 기술의 발전만큼 중요한 것은 디지털 윤리 기준과 제도적 정비다. 정부, 문화예술 기관, 기업, 그리고 시민사회가 함께 협력해 혁신과 규범의 균형을 찾아야 한다. 기술의 발전은 예술의 다양성을 확대하는 동시에 인간의 역할과 윤리적 가치에 대한 근본적인 질문을 제공한다.

디지털 기술이 열어 가는 문화예술의 새로운 지평은 무한한 가능성과 깊은 성찰을 동시에 요구한다. 우리는 예술의 본질과 인간 창의성의 의미를 다시 생각해야 하는 중요한 전환점을 맞이했다. 거대한 변화의 물결 속에서 기술과 예술, 혁신과 전통, 그리고 개인과 공동체가 조화롭게 공존하는 미래를 만들어 가는 것이 우리 시대가 직면한 가장 중요한 과제다.

참고문헌

국립중앙박물관. https://www.museum.go.kr

노수경 외(2024). "문화예술 트렌드 분석 및 전망 2025-2027". 한국문화관광연구원.

민병무(2022.4.8). "서울시향 유튜브는 '클래식 보물창고'… '디지털 콘서트홀' 프로젝트 시작". 데일리한국. https://daily.hankooki.com/news/articleView.html?idxno=810357

서울문화포털(2022.1.26). "서울문화재단, 이렇게 달라집니다! '3대 전략, 10대 혁신안' 발표". https://culture.seoul.go.kr/culture/bbs/B0000001/view.do?nttId=4134&menuNo=200050&pageIndex=465

윤성욱 외(2023). 《데이터 경제 활성화를 위한 민관 역할분담과 정책 개입영역 연구》. 정보통신정책연구원, 1~163쪽.

이승환(2023.5.31). "메타버스, 생성AI 엔진을 달다". 소프트웨어정책연구소. https://www.spri.kr/posts/view/23605?code=data_all

이용관 외(2021). 문화부문의 영향과 미래문화정책 과제: 디지털·기술 분야. 한국문화관광연구원, 1~25.

하은(2025.1.8). "디지털 자산과 문화예술 공진화를 통한 기부 문화 혁신". 소셜임팩트뉴스. https://www.socialimpactnews.net/news/articleView.html?idxno=3241

한국문화예술위원회(2020.8.5). "한국문화예술위원회, 2020년 아트앤테크 활성화 창작지원사업 선정작 발표". 뉴스와이어. https://www.newswire.co.kr/newsRead.php?no=908822

Anitua Valluerca, A.. New audiovisual paradigms. Telefonica Servicios Audiovisuales. https://www.telefonicaserviciosaudiovisuales.com/en/audiovisual-divulging-articles/new-audiovisual-paradigms

Arts Council England(2022.9). Written evidence submitted to the House of Lords Communications and Digital Committee inquiry "A Creative Future" (CRF0043). House of Lords Communications and Digital Select Committee, UK Parliament. https://committees.parliament.uk/writtenevidence/111119/html

Chen, S.(2022.7.11). Quantum advantage showdowns have no clear winners. WIRED. https://www.wired.com/story/quantum-advantage-showdowns-have-no-clear-winners

Exhibitor Online.(2022.1.27). Virtual/Hybrid Events Are Changing the Way the World Comes Together for 2022 & Beyond, According to 6Connex Survey. https://www.exhibitoronline.com/news/article.asp?ID=22292

Fathom Entertainment. The Met: Live in HD. https://www.fathomentertainment.com/series/the-met-live-in-hd

Louvre Museum. Online tours – Enjoy the Louvre at home!. https://www.louvre.fr/en/online-tours

Quackenbush, C.(2018.10.26). A Painting Made by Artificial Intelligence Has Been Sold at Auction for $432,500. TIME. https://time.com/5435683/artificial-intelligence-painting-christies

UNESCO.(2023.11.8). UNESCO unites diverse perspectives to inform policies for AI in the creative sectors. https://www.unesco.org/en/articles/unesco-unites-diverse-perspectives-inform-policies-ai-creative-sectors

정지은

조선대학교 K-컬처·공연기획학과 조교수다. 동덕여자대학교 방송연예과에서 학사 학위를 취득하고 성균관대학교에서 공연예술학 석사, 예술학 박사 학위를 받았다. 이후 성결대학교, 협성대학교, 동덕여자대학교, 청운대학교에서 강의했다. 충남연구원에서 문화예술정책 담당 책임연구원으로 근무하면서(2016~2021) 지역 문화예술 관련 다수 프로젝트와 연구를 수행했다. 대통령 소속 자치분권위원회 전문위원회 위원, 한국문화예술위원회 심의위원, 한국문화예술교육진흥원 전문가, 한국콘텐츠진흥원 전문가, 한국문화산업학회 이사·편집위원, 한국상품학회 부회장 등 지자체의 다양한 위원으로 활동하고 있다. 미코리더스 교육인상(2024), 충청남도지사 표창(2020), 문화산업학회 우수논문 학술상(2020), 정책연구관리시스템 PRISM 우수연구(2018) 등의 상을 받았다. 주요 저서로 《케이팝》(2023) 등이 있으며, 주요 논문으로 "디지털 기술과 메타버스를 활용한 문화재의 보존 및 활용 사례연구"(2025), "메타버스를 활용한 문화콘텐츠 사례 연구"(2022) 등 약 30편이 있다.